国家社会科学基金项目：周边国家政治波动对我国边境地区经济影响的
传导机制及应对策略（编号：22BMZ104）阶段性研究成果

A Study on the Development of
Regional Tourism in Xinjiang

新疆区域旅游
发展研究

耿桂红　著

中央民族大学出版社
China Minzu University Press

图书在版编目（CIP）数据

新疆区域旅游发展研究 / 耿桂红著. -- 北京：中央民族大学出版社，2025. 6. -- ISBN 978-7-5660-2517-3

Ⅰ. F592.745

中国国家版本馆CIP数据核字第2025MJ1020号

新疆区域旅游发展研究

XINJIANG QUYU LVYOU FAZHAN YANJIU

著　　者　耿桂红

策划编辑　赵秀琴

责任编辑　高明富

封面设计　舒刚卫

出版发行　中央民族大学出版社

北京市海淀区中关村南大街27号　　邮编：100081

电话：（010）68472815（发行部）　传真：（010）68933757（发行部）

（010）68932218（总编室）　　（010）68932447（办公室）

经 销 者　全国各地新华书店

印 刷 厂　北京鑫宇图源印刷科技有限公司

开　　本　787×1092　1/16　　印张：11.25

字　　数　173 千字

版　　次　2025 年 6 月第 1 版　2025 年 6 月第 1 次印刷

书　　号　ISBN 978-7-5660-2517-3

定　　价　56. 00 元

序

我国的新疆维吾尔自治区（以下简称“新疆”）与俄罗斯、哈萨克斯坦、吉尔吉斯斯坦、塔吉克斯坦、巴基斯坦、蒙古、印度、阿富汗等八国接壤，是我国接壤国家最多、边境线最长、口岸最多的省区，也是亚洲陆地通道的核心、中国古代“丝绸之路”的重要通道，更是今天“一带一路”的重要枢纽。边境旅游是新疆区域旅游的一个重要组成部分，在过去30多年里其在与周边国家人文交流和社会经济交往中一直扮演着重要角色，成为丝绸之路经济带核心区建设和区域合作的重要内容之一，并逐步发展成为“兴边富民”的战略性支柱产业。为此，本书以边境旅游为切入点，全面探讨其在区域旅游中扮演的角色、所起的作用和所承载的意义。

作为区域旅游特色项目的新疆边境旅游始于20世纪60年代，从政府间旅游外事接待开始，经历了80年代周边国家来新疆购物旅游、90年代初与边境贸易相结合的过程。进入21世纪，随着中国与周边国家关系的进一步改善和我国沿边开发开放、西部大开发、“兴边富民”等国家战略的实施，新疆的旅游取得了长足的进展，逐渐进入快速发展阶段。边疆旅游在改善经贸关系，促进双边、多边交流合作，增进国家间的了解和信任，促进区域发展等方面发挥着重要作用，已经发展成为“一带一路”倡议中的先导产业和国家间文化交流、相互认同和尊重的重要渠道[①]。

目前，新疆有霍尔果斯、阿拉山口2个国家级铁路口岸，红其拉甫、

① 高大帅，吴菊平，骆华松.地缘关系视角下云南跨境旅游发展探析[J].云南地理环境研究，2020，32（5）：46–53.

卡拉苏、伊尔克什坦、吉木乃等15个国家级公路口岸，阿图什市、伊宁市、博乐市、塔城市、阿勒泰市、哈密市等6个边境城市，伊宁、博乐、塔城和吉木乃4个边境经济合作区，还有西北地区唯一的沿边重点开发开放试验区——塔城重点开发开放试验区，正在建设跨境合作区1个（阿勒泰跨境旅游合作区），中哈霍尔果斯国际边境合作区被列入沿边重点地区名录。这些都为新疆边境旅游的快速发展提供了条件，近年来新疆入境旅游和国内旅游持续增长。

新疆虽然旅游资源丰富，地缘优势突出，近年来在口岸开放、向西开放大通道建设、与周边国家旅游合作等方面都取得了较大进展，但由于地理区位、经济基础、社会环境等原因，新疆边境旅游发展波动较大，与其他边境省区（如云南、广西等）相比发展较为滞后。这与新疆旅游资源禀赋极不相称，资源优势尚未转化为经济优势。

如何利用好国际、国内两个市场、两种资源，有效发挥新疆的资源优势和地缘优势，深刻剖析新疆边境旅游发展的演化特征及其影响因素，积极拓展客源市场，提高新疆边境旅游的竞争力，全面提升新疆对外开放层次和水平，打造内陆开放和沿边开放的高地，既是新疆边境旅游发展的内在要求，也是本书的研究重点。

对此，本书对新疆边境旅游在国际和国内两个市场的需求特征和影响因素进行了分析。对入境旅游市场、客源市场，运用地理集中指数进行了分析，同时利用2006—2020年数据，从新疆入境客源市场的年际变化特征、入境游客的流向特征、入境游客的消费特征等几方面分析了新疆入境旅游市场的需求特征；从地缘关系的视角，将地理距离、文化距离、制度距离和经济距离引入新疆入境旅游需求的分析框架，研究新疆入境旅游的影响因素。针对国内客源市场，笔者分别于2016年、2017年和2018年暑期赴新疆进行了实地调研，先后走访了口岸办、旅游局、文化厅、海关、边检等相关部门，以及霍尔果斯、喀什、阿拉山口等主要一类口岸和地区，访谈主要围绕边境旅游政策、旅游发展情况、文旅产业、跨境旅游合作、存在问题等议题展开。此外，还实地走访了口岸地区的主要旅游景点、酒店、民宿并与游客进行交流。在此基础上，选取中哈霍尔果斯国际边境合作中心和喀什老城等接待游客较多的地区，对国内游客进行现场问卷调查、访谈。通过对国内游客客源地构成、旅游目的、消费特征、旅游组织方式、满意度等的分析，总结新疆边境地区国内游客的需求特征、影响游客选择目的地的主要因素。在此，对新疆文旅、口岸、海关等部门的支持表示衷心感谢。

随着“一带一路”倡议的深入人心和沿边开发开放水平的提高，边境旅游在改善地缘政治环境，加强跨境民族文化交流融合、增强文化认同，提升国家软实力等方面的功能将进一步凸显。未来关于新疆边境旅游的研究还有待于进一步深化，让我们期待更多优秀的研究成果出现。

目 录

导　论

一、研究背景

边境地区是国家地理意义上的边缘地带，也是不同社会系统接触的地带。新疆维吾尔自治区是我国面积最大、陆地边境线最长、毗邻国家最多的一个省区，周边与8个国家接壤，有17个国家一类口岸，是我国接壤国家最多、对外口岸最多的边疆省区。在“一带一路”倡议背景下，新疆由对外开放的“大后方”变为向西开放的前沿地带。旅游发展对促进边境地区经济社会发展、对外睦邻友好、和平外交有着重要的战略意义。新疆历史文化遗产和自然资源十分丰富，作为亚洲内陆枢纽，与中亚各国山水相连、人文相近，具有发展边境旅游的资源优势和地缘优势。近年来，随着“一带一路”倡议的深入推进，中国与俄罗斯、巴基斯坦和其他中亚国家之间的合作进入一个新的发展阶段，双方政治上互信，经贸合作蓬勃发展，人文交流密切，民间交往广泛，这为新疆开展边境旅游提供了良好的机遇。

同时，伴随着我国沿边开发开放战略的实施，国家出台了一系列支持沿边地区开发开放的政策措施，进一步完善了我国边境地区的基础设施，提升了边境地区公共服务水平和旅游支撑能力，推进了与有关国家的贸易便利化和人员往来便利化，极大地促进了边境旅游的发展。为发挥新疆独特的地缘优势，第二次中央新疆工作座谈会提出“把新疆建设成为丝绸之路经济带旅游集散中心”的具体要求，第三次中央新疆工作座谈会进而又提出“要发挥新疆区位优势，以推进丝绸之路经济带核心区建设为驱动，把新疆自身的区域性开放战略纳入国家向西开放的总体布局中，打造内陆开放和沿边开放的高地”的重要目标。这也让“丝路之旅”超越了旅游产品、旅游线路的简单范畴，赋予旅游促进跨区域融合的新理念①。而这带来的设施互通、经济合作、人员往来、文化交融更是为我国打造睦邻友好的周边政治和经济格局创造了有利条件。

得益于一系列的政策利好和地缘优势，近年来新疆边境旅游取得了快速发展，其在促进新疆对外开放的同时，也有效地带动了边境地区的就业和贫困人口的脱贫致富，成为推动新疆边境地区经济发展的强劲引擎。

然而，新疆的边境地区还面临着复杂而又严峻的地缘环境，同时，由于受位置偏远、基础条件差、与内陆腹地互动欠佳、易受双边关系影响等多方面因素所形成的叠加效应制约，新疆边境旅游还存在着发展规模小、主要客源市场占有率低、旅游交通成本高、便利化程度低、区域发展不均衡等问题。从新疆近年来的边境旅游发展来看，国内社会环境和国际大环境波动始终影响着新疆边境旅游的发展进程。

边境旅游作为边境地区新兴经济的先导产业，对促进边境地区的经济发展、稳边富民、带动边境地区的就业和助力乡村振兴发挥着重要作用。新疆地处亚欧大陆腹心，是向西开放的“桥头堡”，如何利用好国际、国内两个市场、两种资源，有效发挥新疆的资源优势和地缘优势，提升新疆边境旅游的规模，缩小区域发展差距，促进地区产业结构调整，不仅是新时期我国新疆地区全方位开放新格局和推动区域协调发展，构建国内国际双循环发展的历史使命，更是我国沿边地区从“边缘地带”变为“开放前沿”的战略机遇。

---

① 一带一路对旅游的影响：“一带一路”为旅游业带来什么？见https：//chuhaiyi.baidu.com/news/detail/50885943，2022-04-16。

二、研究意义

1.发挥旅游外交的功能、打造睦邻友好的地缘政治和经济格局的需要

边境旅游所呈现的文化交流、文明传播的非正式外交行为，相较于正式的外交行为更加灵活。通过游客对旅游吸引物的鉴赏和旅游流，与其他国家的官方和非官方机构开展经济、人文交流，最终可实现国家形象的构建和国家间价值观的正向认同，并保障国际合作的达成和国家利益的实现①。中亚地处欧亚大陆的地理中心，是我国西北地区的安全屏障，也是“丝绸之路经济带”最重要的节点之一。利用我国新疆特殊的人文地理优势（与中亚地区地缘相近、语言相通、文化相近、人缘相熟），深入推进与周边国家的旅游合作，进一步带动周边地区发展，可以深化政治互信，改善地缘政治经济环境。

2.“丝绸之路经济带”建设的需要

建设“丝绸之路经济带”，最重要的是实现人员往来的互通，而边境旅游则是最主要的抓手。旅游业也被称为“民间外交”，文化旅游业的和平属性、促进文化交流功能、推动改善政治关系及带动提升经济效益等柔性特征，可以促进国与国之间游客和旅游生产要素自由流动，促进双边、多边互利互惠地交流合作，增进国家间的了解和信任，提高人民间的文化认同，推动国家之间在政治、经济、文化领域的广泛合作。而人流与物流的增加、经济与文化的相互渗透又可以促进地区经济发展和次区域经济合作，助推或缓和国际关系。新疆具有丰富的文化和旅游资源，积极开展与丝绸之路经济带沿线国家的旅游合作，对提高我国民族文化的影响力和竞争力，拓展中亚、西亚、南亚等市场具有重要作用。

3.兴边、稳边、富民的需要

边境地区在经济发展过程中面临诸多因素的制约，如地理位置偏远、自然条件恶劣、生态环境脆弱、交通不便等导致出现了经济发展滞后、产

① 李中建，孙根年.中国出境旅游的外交效应[J].浙江大学学报（理科版），2021，48（6）：771-780.

业结构层次较低、自我发展能力弱、社会发展总体水平比较落后等问题，这严重威胁着边境地区的安全与稳定。旅游业是当今世界上综合性很强的新兴产业，具有“一业兴、百业旺”的特点，它在带动消费、促进产业结构升级、创造就业机会、缩小贫富差距、增进社会和谐、推进地区经济社会发展等方面起着重要的作用。旅游业也是劳动密集型产业，就业门槛低，能提供大量的直接就业机会，通过旅游这一途径，能够对一些弱势群体，如少数民族家庭妇女、农村剩余劳动力、贫困地区的居民提供就业和再就业的机会，从而减少贫困。边境旅游是旅游业中的一种重要形式，通过旅游活动能将经济发达地区资金流、信息流、人流、物流带到边境地区，通过这些在区域间的流动，可以缩小与经济发达地区的贫富差距，促进边境地区的经济发展，加速边境地区的产业结构调整，对维护边疆稳定、实现边疆地区的长治久安和提高当地各族人民的生活水平具有非常重要的意义。

三、主要内容

梳理国内外关于边境旅游的研究进展与相关理论，如新疆边境旅游发展的现状、阶段特征、地缘优势和面临的机遇和制约等，基于地缘的视角，重点分析新疆边境旅游发展过程中国际和国内两个市场的需求特征及其影响因素，具体内容如下：

第一章：边境旅游的理论基础与研究进展。对国内外关于边境旅游的定义及其演化进行归纳总结，结合目前我国边境旅游发展趋势和实际，对边境旅游的概念进行界定，从而明确本书的研究范畴；阐述边境旅游的相关理论，包括边界效应理论、地缘关系理论、增长极理论、旅游供需理论等；对我国边境发展旅游的实践历程和阶段特征进行梳理。

第二章：新疆边境旅游的地缘环境和发展现状分析。结合新疆边境旅游的发展进程和政策支持，对新疆边境地（州、市）的旅游开展情况，包括口岸开放情况、与周边国家的旅游合作、口岸出入境规模等进行现状分析；对新疆旅游业的总体发展情况及与全国及西部地区旅游规模进行对比，分析新疆边境旅游存在的问题。

第三章：新疆边境旅游的供给分析。从旅游资源的类型、分布及特征，以及旅游投入、市场开发、发展环境等方面分析新疆边境旅游的供给情况。

第四章：新疆入境旅游的时空特征与需求分析。利用2006—2019年数据，分析新疆入境客源市场的年际变化特征、入境游客的流向特征、新疆各边境地（州、市）的入境旅游接待规模及区域差异、入境游客的消费特征等；从地缘关系的视角，将地理距离、文化距离、制度距离和经济距离引入新疆入境旅游需求的分析框架，探讨地缘因素对新疆入境旅游的影响。

第五章：新疆边境旅游国内市场的特征及需求分析。整理近年来新疆国内旅游接待人员数量及变化趋势，对比分析10个边境地（州、市）国内旅游接待规模和差异；针对国内客源市场的需求特征，采用实证分析的方法，选取新疆两个旅游资源丰富、口岸优势明显的代表性地区——北疆的霍尔果斯口岸和南疆的喀什地区，进行现场问卷调查、访谈。通过游客客源地构成、旅游目的、消费特征、旅游组织方式、满意度等的分析，总结新疆边境地区国内游客的需求特征、影响游客选择目的地的主要因素。

第六章：结论与建议。

第一章　边境旅游的理论基础与研究进展

第一节　边境旅游的分类与特征

一、边境旅游的分类

一般来说，区域旅游是指游客在某个特定地理区域内进行的旅游活动，该区域可以是一个国家、一个省份、一个城市，或者是由多个相邻地区组成的旅游目的地。区域旅游的概念强调了地理、文化和自然的综合性，以及不同地区之间的相互联系和合作。

边境地区是一个国家的重要区域，该地区的旅游自然也成为这一国家区域旅游的重要组成部分。对我国的新疆来说，由于幅员辽阔，与其接壤国家较多，边境线漫长，沿边口岸多，因而其边境旅游不仅在区域旅游中占据着重要位置，更成为其展现独特魅力的载体之一。因此，本书以新疆边境旅游为例和切入点，对区域旅游进行深入探讨、分析和研究，以期对新疆全域旅游的发展提出可行性建议。

按照张生瑞、王英杰、鞠洪润等人（2020）的研究，边境旅游（border tourism）有时也称边境地旅游（tourism in borderlands）和跨境旅游（cross-border tourism）等，是指在两个国家陆地边界口岸特定范围内开展的旅游活动，是一个具有地理空间含义的概念。

国际上，依托边境线和旅游区的相对位置，将边境和旅游的关系划分为三种类型：一是两个旅游区位于国境线两边，距离较远，边境成为旅游发展的障碍物或旅游中转地，对旅游影响的大小取决于边境的渗透度；二是单个旅游区位于国境线一边，紧靠国境线，游客除了被旅游区一侧吸引外，也会被另一侧吸引，即旅游业发展的外溢效应；三是两个旅游区紧靠国境线或国境线穿越一个旅游区，两边旅游区联系紧密度取决于边境开放度。Timothy 在Matznetter的三分法基础之上，归纳出边境的三重旅游属性，即旅游吸引力、旅行障碍和旅行中转地带，并根据旅游者穿越边境难度大小和边境两边社会文化的相似度，将边境区划分为四种类型：一是跨越难、文化差异大的边境区，如以色列和阿拉伯国家的边境区；二是跨越难、文化差异小的边境区，如中国和蒙古边境区；三是跨越易、文化差异大的边境区，如希腊和土耳其边境区；四是跨越易、文化差异小的边境区，如美国和加拿大边境区①。

在国内，张广瑞（1997）认为，我国边境旅游按旅游目的可分为贸易驱动型、观光驱动型、购物驱动型。贸易驱动型，是指边境双方的公民为了购物而演化出来的以经商为主要目的的跨境旅游活动，如中俄（俄罗斯）、中哈（哈萨克斯坦）、中乌（乌兹别克斯坦）、中吉（吉尔吉斯斯坦）和中塔（塔吉克斯坦）之间的边境旅游活动多数是由贸易动机所引发的一种从事贸易的活动②；观光驱动型，是指出境旅游的主要目的是参观游览，了解异国风光和风情，如中朝（朝鲜）边境旅游主要是以观光为主；购物驱动型，即购物和观光相结合型，如在中越（越南）、中缅（缅甸）、中老（老挝）交界地区的云南、广西等边境地区，边境旅游和互市贸易相得益彰。按地区可分为东北边境地区、西北边境地区和西南边境地区；按旅游时间可分为一日游和多日游。

---

① TIMOTHY D J.Tourism and political boundaries[M].New York：The Taylor & Frsncis Group，2001.

② 中国边境旅游的基本类型、基本特点及发展趋势[J].经济研究参考，1996（H6）：15–26.

二、边境旅游的特征

从以上边境旅游的定义可以看出，由于开展边境旅游所限定的地理位置和区域范围，即在两个国家陆地边界口岸特定范围内开展的旅游活动，且易受双边关系影响，因而边境旅游具有以下特征。

1. 政策性

与其他出境旅游或国内旅游活动相比，边境旅游所受限制较多，政策性较强。我国陆地分别与朝鲜、蒙古、俄罗斯、哈萨克斯坦、吉尔吉斯斯坦、塔吉克斯坦、巴基斯坦、阿富汗、印度、尼泊尔、不丹、老挝、缅甸和越南14个国家接壤，与各国开展边境旅游活动易受相邻两国相关政策和法律的影响和制约，而两国的开放程度、通关政策、经济因素、外交因素、安全因素等都会对边境跨境旅游政策产生不同程度的影响。我国边境旅游的发展一直伴随着边境旅游政策与国家战略的实施，从1987年我国批准丹东市至朝鲜新义州的一日旅游活动开始，国家又先后批准黑龙江、辽宁、吉林和内蒙古等省区的部分边境城市开展边境旅游活动。1997年，《边境旅游暂行管理办法》发布，至此，边境旅游从地方性、规模小逐渐进入全面开放、持续发展阶段[①]。进入2000年以来，随着"兴边富民行动"、西部大开发、沿边开发开放等政策的实施，我国边境旅游也进入全面发展的历史时期。"一带一路"倡议提出以来，我国边境地区逐渐由内陆末端转变为开放前沿，边境旅游作为推动我国与周边国家人文交流合作的重要方式之一，越来越受到重视。国家及相关部门一系列政策的出台，以及"六大经济走廊"、边境经济合作区、跨境旅游合作区和边境旅游试验区建设等为边境旅游提供的机制和平台支撑，让边境旅游业迎来了蓬勃发展的黄金期。

2022年的《边境旅游管理办法（修订征求意见稿）》修改了以往边境旅游团队只能在同一口岸出入境的要求——可以灵活选择出入境口

① 葛全胜，席建超，王首琨.中国边境旅游：阶段、格局与若干关键战略问题及对策[J].资源科学，2014（6）：1099-1106.

岸，并删除了“边境旅游审批、就近办理出入境证件”等前置条件，消除了影响边境旅游发展的主要障碍，极大推动了边境旅游的便利化。

国家《“十四五”旅游业发展规划》就“构建旅游空间新格局”提出鼓励西部地区发挥自然生态、民族民俗、边境风光等方面优势，加强旅游基础设施和公共服务体系建设；鼓励边疆地区发挥特色旅游资源优势，打造边境旅游试验区和跨境旅游合作区。深化旅游国际合作，积极服务和对接高质量共建“一带一路”，扩大与共建国家交流合作，打造跨国跨境旅游带。

2. 区域的不均衡性

我国开展边境旅游的区域主要分为以辽宁、吉林、黑龙江和内蒙古东部盟市的边境口岸所在城市为代表的东北地区，以新疆和内蒙古西部部分盟市为代表的西北地区，以广西、云南和西藏为代表的西南地区。与我国接壤的14个国家经济社会发展状况、地缘政治环境、开放程度不同，边境旅游的发展阶段和开展形式各不相同，区域间旅游差异较大。

东北地区的边境旅游主要在中朝、中俄和中蒙之间开展，虽然起步较早，是国内最早开展边（跨）境旅游的地区，但在区域资源整合和旅游合作区建设方面发展相对滞后。其中中朝之间，由于朝鲜开放程度较低，出入境旅游限制条件较多，经济发展水平和居民收入低，因而中朝边境旅游规模较小，且以中方旅游者向朝方流动为主，边境旅游类型以观光为主；中俄、中蒙之间，近年来借助沿边重点地区开发开放若干政策、中蒙俄经济走廊建设、东北亚经济圈构建等有利时机，边境旅游和边境贸易相互促进，游客双向流动数量较大，并逐渐向对方国内地延伸，边境旅游正在成为深化东北亚区域合作的重要途径①。

我国西南地区的广西和云南与缅甸、老挝和越南大面积接壤，与对方口岸近距离接触，互市贸易活跃，边民往来频繁，边境旅游业增长势头强劲，在区域旅游一体化方面处于全国领先地位。在大湄公河次区域经济合作以及孟中印缅经济走廊的背景下，与泰国、越南、老挝等周边国家构

① 徐淑梅，李圆慧，王亚丰. 中国东北东部边境地区旅游业发展研究[J]. 地理科学，2012（3）：336-341.

建了区域旅游一体化的旅游合作模式，边境旅游业已经有了较为成熟的发展。

西北边境地区紧邻中亚、北亚、西亚大部分国家及地区，与哈萨克斯坦、吉尔吉斯斯坦、塔吉克斯坦、俄罗斯、阿富汗、巴基斯坦、印度、蒙古接壤。受自然条件限制，西北边境口岸与接壤国家对称的边境口岸相距较远，有十至数百公里不等，虽然均处于古丝绸之路上，旅游资源丰富，且具有悠久的历史和深厚的文化积淀，但受地缘环境等综合因素的影响较大，边境旅游虽起步早，但发展并不理想。目前，该地区的边境旅游主要集中在中哈、中俄之间。不过，随着与中亚国家在上海合作组织协议下开展双边或多边合作以及我国“一带一路”倡议的提出，中亚各国对旅游合作的重视程度不断提高，使得新疆与中亚国家在旅游资源开发与整合等方面的合作不断加深，边境旅游线路向各国腹地逐步延伸，边境旅游的活动范围、游客数量和来源逐年增加，旅游类型也由以前的边境购物旅游向多元化旅游方向转变。

3. 时空范围的局限性

出于国家安全等方面的考虑，边境跨境旅游须在双方政府商定的边境区域和期限内进行。跨境旅游时间根据相邻国家边境地区协商的具体情况而定，一般包括“一日游”“三日游”“四日游”“七日游”等，除部分地区允许持护照旅游外，大部分地区需要跨境游客持边境出入境通行证进出口岸，证件对参游时间进行了限定，一般不超过十五天。边境旅游的范围在双方政府规定的边疆区域内会随着两国关系发展和双边人员交往深入而扩大，但与国际旅游相比，旅游空间仍然是有限的。

4. 对边境贸易的依存性

边境旅游与我国的改革开放相伴相生①。我国早期的边境旅游活动以从事商务或边民互市贸易为主，是为满足双方边境居民互通有无而进行的活动，边境贸易成为边境旅游发展的主要驱动因素。伴随着边境贸易的发

① 杨劲松.我国边境旅游发展的动力集成与前景展望[J].旅游研究，2016，8（6）：8-10.

展，边境旅游规模逐渐扩大。经济贸易往来与旅游发展相互促进，形成了边境地区持续不断的、双向或多向的旅游人流、物流、信息流、资金流的高效互动，边境旅游市场和旅游规模也随之扩大。

第二节　理论基础

一、边界效应理论

“边界效应”是指边界的存在对跨边界的经济行为产生影响，这种影响被称为“边界效应”[①]。李铁立等[②]（2005）从政治地理学的角度将国家边界效应分为屏蔽效应和中介效应。屏蔽效应是指边界成为阻碍经济空间相互作用的屏障，即边界的阻滞效应，主要体现为关税壁垒、文化差异、地理交通等方面的阻碍。边界天然的封闭属性，扭曲并分割了市场，增加了边界两侧或多侧经济联系的空间和时间距离以及交易成本，成为市场空间的障碍[③]。McCallum[④] 等学者认为，在经济体中边界的屏蔽效应表现为国家边界对贸易流动的阻碍；屏蔽效应还表现在边界对其他要素的阻碍程度上，如国家边界对生产要素、商品、服务、知识、信息等的限制；另外，边界的屏蔽效应还体现为国家边界作为不同语言、历史、文化、风俗、习惯的分隔线所带来的跨境经济交易成本的提高。总之，边界的屏蔽效应增加了跨界交互的障碍程度和交易成本。中介效应是国家间物

---

① 李铁立，姜怀宇.次区域经济合作机制研究：一个边界效应的分析框架[J].东北亚论坛，2005（3）：90-94.

② 李铁立.边界效应与跨边界次区域经济合作研究[M].北京：中国金融出版社，2005.

③ 时雨晴.边境旅游研究综述[J].中国边疆学，2017（1）：288-299.

④ MCCALLUM J. National borders matter：Canada-US regional trade patterns [J].The American economic review：1995，85（3）：615-623.

质、信息在边境地区中介面的交流（宋涛等，2016），是边界所具有的经济接触和交流的空间中介功能，也是边界的天然属性。边界的存在促进了国家间的经济交往，对边界两侧的国家起到一定的联系作用（李铁立等，2005）。边界两侧具有自然、人文地理的连续性和相似性，具备区域交往合作的天然优势，可以大大降低双方经济合作的交易成本；此外，边界两侧资源要素禀赋的差异、经济发展水平的梯度使得相互间具有经济的互补性，有可能成为资源、劳动力、产品、资金、技术、市场相互流动最为活跃的地区，并成为享受邻国资源要素空间扩散和经济发展溢出效应的“桥头堡”。

各国边界在从封闭转为开放时，其屏蔽效应和中介效应往往同时存在，受政策、国际环境等因素的影响，边界效应是动态变化的。经济全球化和区域经济一体化促使国家边界“去边界化（de-bordering）”，国家间的文化交流与经济合作使传统的国家边界（national borders）变得更具有渗透性，从而弱化了国家边界的阻碍作用①。同时，要素流动加剧，也为边境治理和国家安全带来了挑战，如恐怖袭击、流行病传播、非法移民、走私贩毒等，又使边界重新加强了监管和控制，国家边界的屏障功能又被重新开启或得到进一步增强，“再边界化（re-bordering）”得到强化。

边界效应在边境旅游中是普遍且独特存在的，并呈现出阻碍力、吸引力、渗透力和扩散力的综合作用。旅游者被边界本身所代表的“界限”限制的同时，也被边界差异所吸引②，如国门、界碑、边防哨所等具有象征意义的边界标志，带给游客完全不同的感受。从跨境旅游的角度看，屏蔽效应阻碍了人流、物流以及信息流的自由流动，旅游活动的频次、时间、内容等将随着与客源地的距离增加而减少③；中介效应会促使双边或多边

① 田里，吴信值，王桀.国外跨境旅游合作研究进展与启示[J].旅游学刊，2018（7）：52-62.

② 王桀，张琴悦.边界效应概念再议及其在旅游研究中的应用与发展[J].地理科学进展，2022（5）：905-921.

③ 吴晋峰，包浩生.旅游流距离衰减现象演绎研究 [J].人文地理，2005（2）：62-65.

合作范围扩充，旅游资源、旅游服务等旅游生产要素的流动性增强，边界阻碍作用被弱化甚至消除。跨境旅游中的边界效应受到多种外部因素的影响，如消费者偏好、地理距离、运输成本、结算货币、贸易壁垒、政策体制以及社会文化等。由于边界的双重敏感性以及边境治理和国家安全的原因，边界效应在跨境旅游合作与管理、边境社区安全、边民身份认同等方面的问题也越来越受到重视①。

二、地缘关系理论

国家间的地缘关系是指以地理位置、综合国力和距离等地缘要素为基础所产生的国家之间的地缘政治、地缘经济、地缘军事、地缘文化等关系，表现为国家间的相互作用。地缘政治是根据各种地理环境要素，对国际上各种政治力量及其相互关系进行地理空间的分析，是各国制定国防和外交等政策的一项重要依据。地缘经济是国家或地区间基于地理区位、资源禀赋、经济结构等因素形成的合作、联合（经济集团化）或竞争、对立乃至遏制等经济关系②。地缘文化是指同一空间区域内的社会群体因受其所处的地理环境影响而形成的具有共同内容和特征的文化系统，是软实力的重要组成要素，指地理要素中由国家的人口状况、民族宗教、文化教育、文明特征等缘故引发或产生的文化关系。地缘文化差异是国家间对立和冲突的重要因素。由此可见，地理要素是地缘关系研究的基础，地缘关系研究探讨国家间多元自然和社会要素的结合方式和稳定程度，具有综合性、时代性、全球性和复杂性等特点③。

---

① 王成龙，刘慧，张梦天.边界效应研究进展及展望[J].地理科学进展，2016，35（9）：1109–1118.

② 陆大道，杜德斌.关于加强地缘政治地缘经济研究的思考[J].地理学报，2013，68（6）：723 – 727.

③ 宋长青，葛岳静，刘云刚，等.从地缘关系视角解析“一带一路”的行动路径[J].地理研究，2018，37（1）：3–19.

国家（地区）间地缘关系是变化发展的，其发展不仅受制于时代潮流及国际环境，还与各国的经济社会状况、利益需求、国家安全理念与价值取向，以及对外交往传统等因素相关[①]。如冷战结束后各国之间的竞争与较量逐渐从对领土空间的控制与扩张转向以经济为主的综合国力的较量[②]，即以经济利益和经济关系取代政治关系与军事对抗。借助地缘关系谋取和维护国家利益，一直是国家战略的重要组成部分。地缘文化是一个国家软实力的重要组成要素，地缘文化差异是国家间对立和冲突的重要因素[③]，并通过影响国家外交战略和外交政策的制定进而影响地缘经济关系，同时，地缘文化也不能脱离地缘经济基础。地缘经济强调在国际关系的研究中重视“地缘因素”和“经济因素”[④]，地缘政治的核心就是在国家安全与地缘利益之间找准平衡点。

边境地区作为地缘空间冲突和地缘合作的重要区域，一直受国际地缘政治、地缘经济和地缘文明的影响。伴随着经济全球化和区域一体化，边境地区功能也由注重政治安全为主转向政治安全、经济发展和文化交流共同兼顾。边境旅游是相邻国家开展经济活动和文化交流的重要形式，彼此以各自的地缘优势为基础，以经济利益为目标，对资源、市场等进行合理配置。边境旅游与地缘关系互为因果，其开展受制于国家间关系的好坏和彼此的经济实力、发展水平、旅游资源禀赋、边境文化同源性、自然地理条件等经济、社会、自然因素。地缘关系理论对于边境地区发挥区位邻近优势、文化近缘优势以及边境口岸的地缘优势，打破地域壁垒，积极拓展周边市场和最大限度地利用外部资源，通过开展边境旅游，在边境形成集

---

① 王正毅.边缘地带发展论：世界体系与东南亚的发展[M].上海：上海人民出版社，1997：4-6.

② 陈少华.国家间博弈中的地缘政治与地缘经济[J].武汉理工大学学报（社会科学版），2009，22（3）：36－40.

③ 高大帅，吴菊平，骆华松.地缘关系视角下云南跨境旅游发展探析[J].云南地理环境研究，2020，32（5）：46-53.

④ 黄宇，葛岳静，刘晓凤.基于库仑引力模型的中美日地缘经济关系测算[J].地理学报.2019，74(2)：285-296.

边境贸易、跨境合作、跨国投资于一体的经济空间具有重要的指导意义。

三、增长极理论

法国经济学家Perroux最早提出增长极的概念，他认为经济空间中存在着若干类似“磁极”作用的中心、力场或极，在经济空间中起着极化作用，推动经济不均衡发展。他把增长极描述为在经济空间中发生支配效应的推进性单元，而这种单元存在于具有技术进步与创新能力、规模较大、增长速度较快、与其他部门的相互关联效应较强的推进型产业中。推进型产业在一些地区优先发展和集聚，带来不同部门、行业或地区经济按不同速度呈不平衡增长，并通过前向、后向连锁效应带动关联产业发展，从而形成区域经济和经济网络，最终带动周边区域的经济发展。随后，以Boudeville、Myrdal、Friedman、Hirschman等为代表的经济学家从不同角度对于增长极理论进行了丰富和拓展。

Boudeville从地理空间的角度提出了“区域发展极”的概念，认为“增长极是将经济增长的作用限定于某一特定区域”。他把增长极分为由市场作用下自发生成的增长极（极化区域）和计划机制支配诱导生成的增长极（计划区域），并将其改造成区域经济发展模式，运用于区域经济政策和区域发展战略。Myrdal提出了“回波效应”和“扩散效应”的概念，用以说明经济发达地区（增长极）对落后地区的作用和影响。“回波效应”是指各种生产要素向发达地区（增长极）回流和聚集的负效应，“扩散效应”即增长极对周边落后地区经济发展的带动和引导作用，在此基础上，他提出政府应当采取积极的干预措施，促进区域增长极的“扩散效应”，缩小地区差距。Hirschman随后也提出类似观点，即增长极的极化效应（即回波效应）和涓流效应（即扩散效应），认为尽管两种效应会同时起作用，但在市场机制下，极化效应起支配作用，并进而提出了“边际不平衡增长理论”以及“核心与边缘区理论”。Friedman将中心–外围理论概念引入区域经济中，他认为一个国家均由核心区域与边缘区域所组成。若是核心区具有工业发达、人口密集、资本集中、技术水平较高、经济发展快等基本特征，则其他区域因发展缓慢而成为“外围”或边缘区域。核心区与边缘区之间存在着不平等的发展关系，区域发展是通过一个不连续的但又逐步累积的创新过程来实现的。

根据增长极理论，经济增长首先出现在一些增长点或增长极上，这些地区凭借资源禀赋、区位优势、产业条件、政策优势等获得优先发展，再通过扩散效应带动其他产业和周边地区发展。我国边境地区具有优先发展旅游业的资源优势、地缘优势和政策优势，增长极理论对于指导边境地区提升旅游竞争力，打造旅游增长极，利用旅游业的极化效应和扩散效应通过产业关联和空间关联带动区域经济发展，缩小与东、中部地区差距，在理论层面和实践层面都具有重要的指导意义。

四、旅游供需理论

供需理论是经济学的基础理论，供给是从生产者角度出发谈论产品及其结构，需求是从消费者角度出发谈论市场问题。供需理论是对现实供需关系的解释，与特定的外部经济环境紧密相关。供需理论也同样适用于旅游业的发展分析，旅游供给是指在一定时期内，市场中以一定价格提供的旅游资源、旅游设施以及相应旅游服务等旅游产品的数量。其中旅游资源主要包括自然资源、人文资源等。旅游设施主要由“吃住行游购娱”六要素所附属的旅游要素设施组成，包含旅游住宿和餐饮接待设施、旅游交通设施、旅游购买和娱乐设施等。旅游服务主要包括导游讲解、客运服务以及商业性接待等服务内容。旅游供给为国内外游客提供快捷便利的旅游体验，高质量的供给内容可以提升旅游人员数量以及旅游消费，为母国创造旅游贸易收入和吸引力。影响旅游供给的因素有旅游资源禀赋、旅游供给体系的质量和效率、旅游市场消费环境等，其中旅游资源禀赋体现在旅游资本的类型和数目上、资源的质量和等级上。

旅游需求的概念来源于经济学中的需求，Stephen最早对旅游需求从四个方面进行了阐释，一是以不同的价格消费的商品和服务的数量；二是实际发生的消费；三是潜在的需求，即由于供给、价格、促销等因素引起的潜在消费与实际消费之差；四是未来消费预测。William[①] 和 Adrian[②] 认为旅游需求的本质是旅游产品与价格之间关系。我国学者从经济学角度出发，对旅游需求的内涵和影响因素进行了探讨，认为旅游需求是指具有一定支付能力的人们为了满足旅游活动的欲望，愿意在一定时间和价格条件下所购买的旅游产品类型与数量（保继刚等，1993）。在旅游经济学理论中，旅游需求具有指向性：一是旅游需求的时间指向性；二是旅游需求的地域指向性[③]。时间指向性是指旅游需求随时间的变化而区分为旺季、淡季和平季。地域指向性是指旅游需求客源地和目的地均存在地域的集中性，旅游客源地一般集中在经济发展水平高的地区，旅游目的地一般分布在旅游热点地区。在旅游需求因素方面，旅游需求的影响因素可以归结为经济因素、非经济因素和特殊事件[④]。从旅游消费的角度，旅游需求分为有效或现实的旅游需求和受抑制的旅游需求（即潜在旅游需求和延缓旅游需求）。

旅游供需关系反映了旅游经济结构的合理性和旅游系统功能的稳定性，也是影响目的地旅游业高效和持续发展、实现旅游各要素最优配置的重要问题[⑤]。近年来，随着居民消费水平、消费结构以及消费品位的不断提升，旅游需求的多样化与边境旅游供给侧结构性短缺和结构性过剩矛盾逐渐凸显。基于供需原理视角把握边境旅游供需关系变化的整体特征和各阶段主要矛盾，构建我国边境旅游理论框架，是解决边境地区旅游业发展问题的重要维度。

---

① 威廉·S.里斯.旅游经济学[M].大连：东北财经大学出版社，2009：25.

② 亚德里恩·布尔.旅游经济学[M].大连：东北财经大学出版社，2004：25.

③ 王君，侯晓斌.旅游经济学视阈下对公共文化服务的思考：基于供需矛盾与实现路径[J].经济问题，2022（11）：90–95.

④ 陶伟，倪明.中西方旅游需求预测对比研究：理论基础与模型[J].旅游学刊，2010，25（8）：12–17.

⑤ 于洪雁，王群勇，刘继生.供给侧结构性改革背景下中国旅游供需耦合协调度及其时空特征[J].旅游科学，2018（5）：1–13.

第三节　边境旅游研究进展

边境旅游由于旅游目的地的特殊性，即国家行政管理的边缘区域，也是地缘空间冲突和地缘合作的重要区域[①]，因而受地缘政治、经济、文化等多种因素的影响，其发展也日益受到国内外学者的关注。

一、国外研究动态

（一）阶段特征与区域分布

国外关于边境旅游的研究起步较早，同时受国外经济和社会发展背景的影响，边境旅游研究的阶段特征明显。20世纪30年代初，边境与旅游的关系开始受到国外学者的关注，尤其是受到游憩地理学和经济学领域学者的关注，但受第二次世界大战冲击及战后欧美国家忙于重建，边境旅游乃至整个旅游业发展缺乏广泛的社会基础和经济基础，因此并未引起广泛关注。20世纪70年代，随着欧美国家进入后工业化社会，经济社会发展水平不断提高，加之1978年9月召开的国际联盟游憩工作组会议激发了人们关注边境旅游的热潮，边境旅游逐步进入人们的视野，并受到学界的普遍关注[②]。此后，从政治学、经济学、社会学、心理学、地理学等多个学科领域对边境旅游活动影响的研究也相继展开。20世纪90年代，随着全球经济一体化进程的加快，边境旅游研究在世界各地，尤其是在欧洲、北

① 宋涛，刘卫东，李玏.国外对地缘视野下边境地区的研究进展及其启示[J].地理科学进展，2016（3）：276–285.

② 杨效忠，彭敏.边境旅游研究综述及展望[J].人文地理，2012（4）：19–24，93.

美地区得到长足的发展①②③。进入21世纪以来，随着亚洲旅游业的发展和经济开放度的提高，针对亚洲尤其是东南亚地区的边境旅游研究逐渐增多④，边境地区也逐渐成为地理学、政治学和政治经济学的研究热点。梳理相关研究成果，本文将国外各阶段关于边境旅游的研究区域和研究特点总结如下（见表1-1）。

表1-1　国外边境旅游研究的阶段及特征

阶段划分	重点研究区域	研究特点
起步阶段（20世纪30年代至70年代）	主要集中在欧洲和北美地区	学科间交流较少。研究内容主要针对边境地区的资源和特征，探讨跨境旅游的影响因素，从政治、经济、贸易等交叉学科视角进行研究，研究方法上以定性分析为主
逐步发展阶段（20世纪80年代初至90年代末）	这一时期虽以欧洲和北美为主要研究对象，但针对亚洲、非洲、大洋洲的研究开始出现⑤	学科间交叉研究开始增多。较多地采用实证分析和案例分析，开始注重对跨境旅游的地区、参与者、旅游服务、旅游贸易等方面的研究
快速发展阶段（2000年以来）	该领域研究日益受到重视，关于亚洲，特别是东南亚以及东亚地区的研究逐渐增多	学科间交叉研究较多。实证研究较多，以定量研究为辅，主要针对对边境旅游的感知、边界效应与旅游影响进行研究

（二）边境旅游研究的主要议题

梳理已有文献，国外关于边境旅游研究的议题主要集中在边境旅游内

① DALLEN J T，CEVAT T. Tourists' perceptions of the Canada–USA border as a barrier to tourism at the International Peace Garden[J]. Tourism management，2003，24（4）：411–421.

② CANALLY C，TIMOTHY D J. Perceived constraints to travel across the US- Mexico border among American university students[J].International journal of tourism research，2007，9（6）：423–437.

③ IZOTOV A，LAINE J. Constructing familiarity：role of tourism in identity and region building at the Finnish–Russian border[J].European planning studies，2012，21（1）：93–111.

④ SOFIELD T H. Border tourism and border communities：an overview [J]. Tourism geographies，2006，8（2）：102–121.

⑤ 王新歌，孔钦钦，席建超.边境旅游研究进展及其启示[J].资源科学，2014（6）：1107–1116.

涵的界定及分类、边境旅游供给研究、边境旅游需求研究、边境旅游综合效应、跨境旅游合作等几个方面。

1. 边境旅游内涵及分类的研究

随着全球范围内边境地区旅游业的发展，人们对边境旅游概念和内涵的认知在不断加深和完善，但时至今日，关于边境旅游的定义尚未在国际范围内达成共识。国外学者对边境旅游曾经先后用“border and tourism”“cross-border tourism”“border tourism”“tourism in borderlands”来表示。从命名上可以看出，边境地区所涉及的旅游活动不仅包括“跨越边境”，还包括在边境一侧的区域中进行旅游活动①。在边境旅游具体含义的界定上，国际旅游组织（World Tourism Organization）认为边境旅游应包含“过夜”和一定的旅行距离等必要要素，而Timothy② 等持否定态度。对于边境旅游的目的，Urry、Larsen认为除了休闲娱乐外，国家情结、民间交往、边境购物等也是促成边境旅游的主要动机③。

关于边境旅游分类的研究，Martinez等④ 根据边境线和旅游区的相对位置将边境旅游分为三种类型；Timothy等⑤ 根据旅游者穿越边境的难度大小和边境两边社会文化的相似度，将边境旅游分为四种类型（见表1–2）。

① HANSEN N M. The border economy：regional development in the Southwest[M]. Austin：University of Texas Press，1981：35–67.

② TIMOTHY D J. Tourism and international borders：themes and issues[J]. Visions in leisure and business，1998，17（3）：3–7.

③ LARSEN J. Tourism mobilities and the travel glance：experiences of being on the move[J]. Scandinavian journal of hospitality and tourism，2001，1（2）：80–98.

④ MARTINEZ，OSCAR. The dynamics of border interaction：new approachesto border analysis [M]. London：Routledge，1994：1–22.

⑤ TIMOTHY D J，BUTLER R W. Cross- boder shopping：a North American perspective[J]. Annals of tourism research，1995，22（1）：16–34.

表 1-2　国外关于边境旅游的分类

划分方法	具体分类	特征描述
三分法（代表人物：Martinez）	类型一	两个旅游区位于国境线两边，距离较远，边境成为旅游发展的障碍或旅游中转地，对旅游影响的大小取决于边境的渗透度
	类型二	单个旅游区位于国境线一侧，紧靠国境线，游客除了被旅游区一侧吸引外，也会被另一侧吸引，即旅游业发展的外溢效应
	类型三	两个旅游区紧靠国境线或国境线穿越一个旅游区，两边旅游区联系紧密度取决于边境开放度
四分法（代表人物：Timothy）	类型一	跨越难、文化差异大的边境区，如以色列和阿拉伯国家的边境区
	类型二	跨越难、文化差异小的边境区，如中国和朝鲜边境区
	类型三	跨越易、文化差异大的边境区，如希腊和土耳其边境区
	类型四	跨越易、文化差异小的边境区，如美国和加拿大边境区

2. 边境旅游供给研究

研究重点主要包括边境旅游吸引物、边境旅游资源评价、边境旅游开发、边境旅游资源保护等方面。边境旅游吸引物包括景观吸引物，文化吸引物和商品吸引物。Timothy认为边境本身及其所附着的空间符号，包括边境线、界碑、篱笆、城墙和瞭望塔等构成了边境旅游吸引物（attractions）；另外，他还将边境购物、色情、赌博、餐饮美食等娱乐活动，以及不同的语言、文化、宗教等构成的特色边境社区看作边境旅游吸引物。Matteo、Banfi等从边境两端商品的差异性，如汇率、物价、税收和医疗服务等方面研究边境旅游吸引物。边境旅游吸引物能够吸引游客的本质在于“边境两端的差异性”①。国外对边境旅游资源评价的研究主要聚焦于对旅游对象的开发潜力及可行性的评价分析，在此基础上评估旅游资源的开发程度及加强对边境旅游资源的管理和保护。在旅游资源开发保护

① 王新歌，孔钦钦，席建超.边境旅游研究进展及其启示[J].资源科学，2014（6）：1107-1116.

方面，Ilbery等认为旅游经营者需要加强对“边境品牌”的挖掘和利用①；Milenkovi以塞尔维亚边境地区为例探讨了跨境合作对于生态环境保护的重要性②。Gelbman认为影响边界飞地旅游发展的潜在因素包括物质的、社会的、文化的等多种因素③。

3.边境旅游需求研究

边境旅游需求研究主要集中在边境旅游感知研究、旅游消费行为以及旅游需求影响因素等方面。边境旅游感知研究主要表现在针对游客体验、满意度及其影响因素等方面的研究，经济、质量、服务和愉悦程度会影响旅游者的感知、行为以及满意度；旅游行为研究主要针对边境游客旅游心理、行为、频率、决策等方面，Marius Mayer等对波兰-德国边境地区的跨境旅游和娱乐行为进行过在线调查，内容包括受访者的休闲和度假偏好、对环境和保护区的一般知识，对邻国形象、边界的看法，出于不同目的越境的频率、跨境活动的障碍以及他们对波兰-德国的偏见等。Webster等通过实地调研发现希腊塞浦路斯地区居民跨境旅游活动有寻找祖先的土地、赌博、宗教朝拜和对“另一边”纯粹的好奇等目的，而约一半希腊居民不愿跨越边境的原因为伦理约束和缺乏兴趣。

4.边境旅游综合效应研究

关于边境旅游综合效应的研究主要聚焦在经济效应、社会文化效应、生态环境效应和国际政治关系效应等方面。关于经济效应的研究开始较早、成果较多，如边境旅游对贸易、跨国资金流动、边境地区经济发展的影响等议题的研究。社会文化效应研究主要围绕边境旅游对当地就业和人

---

① ILBERY B，SAXENA G，KNEAFSEY M. Exploring tourists and gatekeepers' attitudes towards integrated rural tourism in the England–Wales border region[J]. Tourism geographies，2007，9（4）：441–468.

② MILENKOVI M M. Ecoregionalism–factor cross–border cooperation and tourism development[J]. Procedia–social and behavioral sciences，2012（44）：236–240.

③ HAMPTON M P. Enclaves and ethnic ties：the local impacts of Singaporean cross–border tourism in Malaysia and Indonesia[J]. Singapore journal of tropical geography，2010，31（2）：239–253.

口流动的影响，边境旅游对当地人身份认同和区域形象的影响，边境旅游的社区参与，主客关系，边境旅游对当地语言、文化的冲击等议题展开，Shaw认为大量游客的出现也会使边境地区失去特色，出现文化同质化的现象。关于边境旅游生态环境效应的研究常见议题有边境旅游对环境保护、对边境地区可持续发展、对疾病传播、对环境污染和生态破坏等方面的影响研究，以及跨境保护区、跨境公园的案例研究等。边境旅游国际政治关系效应研究的主题主要有旅游作为国际关系软实力的工具效应，跨境旅游对于双边国际关系的影响。

5. 跨境旅游合作研究

关于跨境旅游合作的研究主要包括边境旅游合作方式、边境旅游合作领域、管理工具等方面。关于边境旅游合作方式研究，如Timothy建立了旅游资源的跨界合作管理模式，强调管理框架、基础设施开发、人力资源、资源保护、促销、跨界合作以及部门之间的协调①。关于边境旅游合作领域的研究，主要集中在边境旅游资源的跨境合作、制度层面的合作等方面，如Plumptre强调刚果、乌干达和卢旺达边境地区进行跨境合作，加强对大维龙加景观生态旅游地环境保护和开发。Greer认为跨司法区合作（trans-jurisdictional cooperation）能有效开发旅游潜力，提升边境旅游资源效益。关于边境旅游管理工具的研究，针对边境旅游的管理工具主要包括税收工具和其他政策工具。

二、我国边境旅游研究动态

（一）阶段划分与特征

国内对边境旅游的研究起步较晚，随着边境旅游的发展而逐步加深，已呈现出阶段性特征（见表1-3）。我国边境旅游以1987年辽宁丹东—

① 王新歌，孔钦钦，席建超. 边境旅游研究进展及其启示[J]. 资源科学，2014（6）：1107-1116.

朝鲜新义州一日游线路的推出为肇始，1993年国家旅游局下发了《关于同意云南开展中越、中缅边境旅游活动的复函》，使得边境旅游在内容和范围上都得到了长足的发展①。随着中俄、中缅、中老、中越、中朝等边境口岸的陆续开放以及边境旅游线路的逐步开发，边境旅游得以迅速升温，相关研究随之逐步加深②。尤其是20世纪90年代初国家确定并实施沿边开放战略以来，随着口岸的开通，边境跨境旅游迅速兴起并蓬勃发展起来。1997年在张广瑞的《中国边境旅游发展的战略与政策选择》一文发表之后，边境跨境旅游逐渐受到了国内学者的关注。此后随着全国兴边富民行动的持续，边境地区旅游产业逐步形成，并日益成为"兴边富民"的战略性支柱产业，关于边境旅游的市场开发及发展模式的研究开始增加。2013年至今，随着"一带一路"倡议、"国务院关于支持沿边重点地区开发开放若干政策措施"、"国内国际双循环"措施等的叠加，边境旅游进入全面发展的机遇期，相关研究也随之逐步加深。与边境旅游的发展脉络相对应，国内对边境旅游的研究主要围绕边境旅游市场开发及其模式、边境旅游影响因素与驱动机制、边境旅游效应、边境旅游合作机制和边境旅游的安全研究等。

表1-3　我国边境旅游研究的阶段划分与特征

阶段划分	发展特点	研究重点
研究初期（1978—1991）	起步阶段，物流带动人流，边境贸易和边民往来成为边境旅游发展的起点，旅游规模小	边境旅游常被视为边境贸易的附属物，由于地域性、政策性等缘故，影响较小
起步发展期（1992—1998）	边境旅游政策逐步开放，旅游全境拓展，边境旅游与边境贸易相互依托，共同发展	边境旅游概念界定，边境旅游的性质、类型和作用，针对边境旅游的发展状况提出应对措施与发展战略
快速提升期（1999—2012）	"兴边富民"，产业逐步形成，边境旅游被确定为"兴边富民"的战略性支柱产业	边境旅游市场开发、发展策略、线路设计、目的地管理等专项研究

① 罗俊彪.新中国成立以来我国的边境旅游政策研究[J].中国地名，2020（4）：43，45.

② 杨效忠，彭敏.边境旅游研究综述及展望[J].人文地理，2012，27（4）：19-24，93.

续表

阶段划分	发展特点	研究重点
全面发展期（2013年至今）	受惠于国家战略叠加，步入全面发展的机遇期	边境旅游的类型、特点、影响因素、驱动机制，边境旅游的区域合作、发展模式及对策研究等

注：本表参照《中国边境旅游发展报告》（葛全胜等，2014）、《边境旅游研究综述及展望》（杨效忠等，2012）、《边境旅游研究进展与启示》（王桀等，2022）等相关文献整理而成

1.边境旅游市场开发及其模式研究

边境旅游市场开发及其模式研究是目前国内关于边境旅游研究的主要内容。其中，边境旅游市场开发研究主要包括旅游产品、旅游品牌、旅游规划开发以及市场开发策略等方面的研究；针对边境旅游市场开发模式，学界总结出较多类型，提出较多建议。谢婷、钟林生（2009）从人口学特征、出游特征、满意度等方面研究了广西崇左市边境旅游者的需求特征，由此探讨了崇左边境旅游的市场开发问题①。徐淑梅等（2012）结合东北边境地区旅游资源，认为东北边境旅游产品开发应主要集中于边境旅游、自然生态旅游、冰雪旅游、文化旅游等产品，并在此基础上构建“五区—四轴”的旅游空间布局及区域战略合作关系②。娄阳等（2017）对云南省中越边境旅游的空间布局、发展思路、产品体系进行研究，提出了构建“一带三核四极”的空间布局体系③。覃萍（2007）、郑辽吉等（2009）、王燕华（2010）、孔璎红（2010）分别从边境民俗文化、生态农业、自驾车、入境元素、景观元素、区位元素、营销元素等不同角度对边境旅游产品的开发和创新等进行了研究。以上模式为不同类型边境旅游市场开发提

① 谢婷，钟林生.边境旅游目的地的国内游客特征及感知研究：以广西壮族自治区崇左市为例[J].资源与产业，2009（6）：139–142.

② 徐淑梅，李圆慧，王亚丰.中国东北东部边境地区旅游业发展研究[J].地理科学，2012，32（3）：336–341.

③ 娄阳，李庆雷，高大帅.云南省中越边境旅游发展研究[J].资源开发与市场，2017，33（9），1114–1117.

供了参考价值。

2.边境旅游影响因素与驱动机制研究

边境旅游影响因素与驱动机制是边境旅游研究的重要内容，目前国内对边境旅游影响因素进行研究的文献较多。纪光萌（2015）以霍尔果斯口岸为研究对象，对边境旅游影响因素从宏观、中观以及微观三个层面构建了评价指标体系，认为核心资源、政策因素是影响霍尔果斯边境旅游的关键因素；其次为区位条件、基础设施和经济水平等因素①。邱海莲、由亚男（2015）通过对中哈边境旅游研究，认为制约中哈边境旅游廊道构建的因素为经济因素、政策法规以及服务与管理因素。边境旅游影响与可持续发展的关系也同样受到学者关注。黄爱莲（2011）以中越边境为例研究了游客对边境障碍物的感知，发现两国口岸通关政策、通关手续、文化差异、安全问题等因素对边境游客构成障碍②。韩璐、明庆忠（2016）对边境民族文化旅游内涵、特征与驱动机制进行了研究，并系统构建了由边境、边境民族、边境民族文化与边境旅游等要素构成的边境民族文化旅游的内部驱动机制和从引导、推动、实践、保障四重推进体系构成的外部驱动机制③。苏波涛（2005）描述了中越边境跨境旅游发展的三大驱动因素（政治驱动、社会驱动、经济驱动），认为基础设施建设不足、边境旅游管理程度不高、服务水平低下是中越边境旅游发展的三大阻碍因素，并在此基础上，应用系统动力学方法分析各个驱动因素和阻碍因素之间的作用机理。

3.边境旅游合作机制研究

近年来，学界逐步重视对边境旅游合作区建设的研究，尤其是随着我国“一带一路”倡议的提出与实施，边境旅游合作机制研究成为目前国内

① 纪光萌.边境旅游影响因素指标体系构建研究：以霍尔果斯为例[J].新疆财经大学学报，2015（3）：43-49.

② 黄爱莲.基于游客感知的国家边界旅游障碍研究[J].商业研究，2011（2）：180-184.

③ 韩璐，明庆忠.边境民族文化旅游：内涵、特征与驱动机制[J].广西民族研究，2016（5）：139-148.

边境旅游研究的热点，主要集中在跨境旅游的合作机制和合作模式方面。闫静（2016）从文化遗产的角度，探讨了中国与中亚五国的旅游合作路径①。刘民坤等（2015）对“一带一路”背景下中越跨境旅游合作区开发路径进行了研究。黄爱莲（2011）对中越跨界旅游营销机制进行了研究。李飞（2013）在对我国跨境旅游合作区的发展演进进行梳理的基础上，认为从国家安全利益和地方经济发展的角度来看，跨境旅游合作区有助于探索边境旅游发展模式、促进边境地区经济发展、创造睦邻友好的国际关系②。王辉等（2014）针对新疆的空间特征和新疆边境旅游的时序特征，构建了5种跨境旅游合作区模式③。刘云、张梦瑶（2014）从空间结构与合作主体方面构建了中缅跨境旅游的合作模式④。周彬（2015）等对黑龙江省中俄界江旅游资源进行评价并提出了成立界江旅游发展协调委员会、构建多元特色的旅游产品体系、加快中俄界江旅游基础设施建设等边境旅游发展对策。

4. 边境旅游的安全研究

田里（2022）从总体国家安全观的视角研究了不同时期、不同空间区域我国边境旅游面临的国家安全问题，并将我国边境旅游所面临的安全风险分为三种类型：认同型安全风险、流失型安全风险和入侵型安全风险。李梅花（2016）认为劳动力流失与边境乡村的贫困化、“空心化”都是影响中朝边境地区安全稳定的主要问题⑤。高俊、王灵恩、黄巧（2020）认为在云南边境乡村旅游地可持续发展中，乡村的地缘安全功能、文化功

---

① 闫静. 丝绸之路经济带文化遗产旅游合作研究：以中国和中亚五国为例[J]. 西安财经学院学报，2016，29（4）：23-27.

② 李飞. 跨境旅游合作区：探索中的边境旅游发展新模式[J]. 旅游科学，2013，27（5）：10-21.

③ 王辉，刘敬华，杨兆萍. 新疆跨国旅游合作结构模式研究：基于空间区位选择视角[J]. 人文地理，2014，29（2）：156-160.

④ 刘云，张梦瑶. 试论中缅跨境旅游合作发展模式构建[J]. 经济问题探索，2014（6）：127-131.

⑤ 李梅花. 中朝边境地区“多源性”安全隐患及其对策[N]. 中国民族报，2016-12-16（6）.

能和生态功能凸显[①]。部分学者还研究了边境旅游可能导致出现的公共卫生安全问题[②]、生态安全问题[③]等安全问题。针对边境旅游合作，田里等（2023）提出了边境旅游对国家安全的影响遵循“跨境旅游合作→国家权力让渡→国家界线模糊→国家安全风险”的路径[④]。可以看出，非传统安全在边境旅游安全研究领域越来越引起学者们的重视。

（二）关于新疆边境旅游的研究

随着“一带一路”倡议的实施，我国新疆的地缘优势和战略地位凸显，边境旅游作为民心相通的先导产业和兴边富民的战略性支柱产业，日益受到学者们的关注。近年来关于新疆边境旅游的研究主要集中在以下几个方面：一是旅游资源与开发研究，如新疆旅游资源的类型、等级及空间分布特征研究（王燕、阎顺等，2009），新疆旅游资源时空演变特征研究（英杰、曹开军、丁凯红等，2023），丝绸之路新疆段人文旅游资源景观空间研究（李武陵、袁小玉，2018），新疆历史文化资源、红色旅游资源开发研究（王思颖、陈旭，2021）等。二是区域合作研究，如新疆边境口岸跨国旅游合作机理研究（王辉、杨兆萍，2011）、以中哈霍尔果斯国际边境合作中心为载体的中哈跨境旅游合作研究（原帼力、王英，2016）、中国新疆与中亚五国旅游合作研究（普拉提·莫合塔尔、海米提·依米提，2009；王文华，2015）等。三是新疆边境旅游的经济社会效应研究，包括旅游扶贫效应研究（韩林芝、刘新梅，2019；马芳等，2020）、经济社会效益研究（马燕，2011，2015，2022；周伟梁，2020；等）、旅游发展对

① 高俊，王灵恩，黄巧.边境旅游地乡村转型及可持续发展路径：云南打洛口岸地区的民族志研究[J].地理研究，2020，39（10）：2233-2248.

② 朱雄关，姜铖镭，李淑思.云南边境地区跨境人口流动对公共卫生安全的影响[J].昭通学院学报，2022，44（4）：38-45.

③ 汪进芳.桂滇边境地区旅游生态安全测评及障碍度分析[J].贺州学院学报，2020，36（4）：132-140.

④ 田里，孟帅康.边境旅游对国家安全影响的解构与重构[J].旅游学刊，2023，38（2）：160-168.

新疆经济增长的影响研究（王思秀、朱义鑫、郇志坚等，2021）等。四是关于边境旅游发展策略的研究，李钦、许云霞（2012）通过对霍尔果斯口岸旅游业的SWOT分析，提出了提升霍尔果斯口岸旅游业发展水平的策略建议；吕龙、吴戈（2015）以新疆克州为例，对边境旅游地的旅游发展及开发策略进行了研究；邱海莲、由亚男（2015）以中哈边境旅游为例，探讨了边境旅游廊道的构建条件、制约因素，在此基础上提出中哈边境旅游廊道构建的发展路径；孔维巍、张文强（2022）以吉木乃县为例，研究了“十四五”时期生态脆弱区旅游业高质量发展路径。

第二章　新疆边境旅游的地缘环境和发展现状分析

新疆地处亚欧大陆腹地，位于新亚欧大陆桥、中蒙俄、中国—中亚—西亚、中巴经济走廊交会处，是我国向西开放的陆桥经济带和国际贸易大通道的最前沿，“渝新欧”“郑新欧”等中欧班列均通过新疆实现了国际联运，中欧大通道建设打破了中国传统以东部沿海城市为重点的对外贸易格局，加快实现了亚欧铁路一体化建设，搭建起了中国与沿途国家的经济联系和文化交往桥梁。

新疆是我国面积最大、边境线最长、接壤国家最多、对外口岸最多的省区，在发展边境旅游、同丝绸之路沿线国家和地区进行跨境旅游合作方面具有天然优势。新疆也是古“丝绸之路”的重要通道，更是我国沿边对外开放的重要门户。作为我国九个边境省区之一，新疆陆地边境线长5600多公里，周边与俄罗斯、哈萨克斯坦、吉尔吉斯斯坦、塔吉克斯坦、巴基斯坦、蒙古、印度、阿富汗8国接壤。独特的地缘优势和区位优势为新疆发展边境旅游提供了得天独厚的条件。

新疆现有14个地（州、市），分别为阿勒泰地区、阿克苏地区、喀什地区、和田地区、塔城地区、伊犁哈萨克自治州（以下简称“伊犁州”）、博尔塔拉蒙古自治州（以下简称“博州”）、昌吉回族自治州（以下简称“昌吉州”）、巴音郭楞蒙古自治州（以下简称“巴州”）、克孜勒苏柯尔克孜自治州（以下简称“克州”）、乌鲁木齐市、克拉玛依市、哈密市、吐鲁番市。除乌鲁木齐市、克拉玛依市、吐鲁番市、巴州外，其他10个地（州、市）均为边境地（州、市）。根据第七次全国人口普查数据，截至2020年年末，边境地（州、市）总人口1776.85万人，占全疆总人口的68.7%。因此，新疆边境旅游业的发展情况在很大程度上代表着新疆旅游业的发展状况，更是新疆旅游业的一个重要组成部分；而从全国的角度看，新疆是我国九个边境省区之一，新疆旅游业的发展情况也反映了我国西北地区边境旅游的发展水平。

第一节　新疆边境旅游的发展进程和阶段特征

新疆边境旅游始于20世纪60年代，从政府间旅游外事接待开始，经历了80年代周边国家来新疆购物旅游、90年代初与边境贸易相结合的过程。进入21世纪，随着中国与周边中亚国家关系的不断改善，新疆边境旅游逐渐进入快速发展阶段，边境旅游已经被纳入各边境口岸的发展规划，对促进边境地区的经济发展，稳边富民，加快新疆对外开放，促进双边、多边交流合作，增进国家间的了解和信任，促进区域发展和国家间的关系等方面发挥着重要作用，已经发展成为“一带一路”倡议中的先导产业和国家间文化交流、相互认同和尊重的重要渠道。

20世纪60年代，新疆的边境旅游以与苏联政府进行双向旅游外事接待为开端，人员往来通过口岸进行①；1963年起，由于中苏关系恶化，边境口岸相继关闭，官方合作停滞，新疆对外旅游经贸往来也近乎停滞。但这一时期，由于地脉相连、民风相同、语言相通等地缘驱动，新疆与邻国间的边境居民，逐渐形成了自发性旅游购物活动，这些活动仅限于双方边界的互市贸易点，合作层次比较低，规模较小，增长缓慢。

① 王辉，杨兆萍.边境口岸跨国旅游合作机理研究：以新疆为例[J].经济地理，2011，31（8）：1387-1391，1408.

90年代初，随着苏联的解体，与中国新疆接壤的一些原苏联加盟共和国对日用品和其他一些制造业产品的需求十分强烈，因而新疆的边贸发展极为迅速。此后，新疆沿边口岸陆续对外开放，周边各国与新疆的经济合作不断加深。1992年原国家旅游局《关于扩大边境旅游促进边疆繁荣的意见》批准了新疆塔城和博乐与哈萨克斯坦的边境旅游项目，伊犁州也开通了经霍尔果斯口岸赴哈萨克斯坦的边境旅游项目。边境旅游项目的开通为哈方民众进入我国新疆开展购物和商贸活动提供了便利条件。同年，原国家旅游局还下发了《关于同意新疆维吾尔自治区与哈萨克斯坦共和国等周边国家开展两日游和七日游活动的函》，新疆由此开通了边境旅游业务，游客可持边境通行证前往两地（经国家相关部门批准的线路）。这一时期，新疆边境旅游以传统的“购物旅游”为主。同时，边境旅游的开展也推动了新疆加大对外开放的力度，促进了进出口贸易和边境贸易的发展。1992—1994年，新疆边境旅游经济效益和社会效益走在全国前列，成为中国向西开放的最前沿和最活跃地区。

1994年以后，哈萨克斯坦等国停止了对我国的边境旅游开放，至此，新疆对周边国家边境旅游基本处于停顿状态。2001年“上海合作组织”的建立，使中国与中亚各国间的友好合作关系进一步发展，也为中亚五国与我国以睦邻友好为主要内容的边境政策的制定奠定了基础。2006年，中亚各国联合签订了《中亚区域经济合作（CAREC）综合行动计划》，将旅游业列为区域经济合作的四大领域之一，为新疆与中亚各国旅游合作创造了有利条件。2008年，新疆边境县吉木乃与哈萨克斯坦东哈州签订了旅游合作协议书，就合作开展出入境旅游事宜达成多项协议；2009年原国家旅游局恢复霍尔果斯边境旅游一日游、七日游的边境旅游线路，至此，新疆对周边国家的边境旅游才得以恢复和发展①。

2000年，国务院发布了《全国兴边富民行动规划纲要（2001—2010）》，提出积极发展边境贸易，促进边境地区的对外开放；大力发展边境地区的

① 葛全胜，席建超，王首琨.中国边境旅游：阶段、格局与若干关键战略问题及对策[J].资源科学，2014，36（6）：1099-1106.

边民互市，活跃边境贸易，繁荣边疆经济。2007年以来，国务院兴边富民行动“十一五”规划和“十二五”规划均强调扩大边民与相邻国家边民的贸易往来，在重点区域和少数民族人口较多的地方，重点建设一批边民互市示范点，促进边境贸易发展，带动边民致富和增收。其中“十二五”规划还首次提出依托旅游资源优势，推动文化与旅游的深度融合，大力培育开发具有边境特色的重点旅游景区和线路，鼓励发展边境旅游、民族特色村寨旅游、休闲度假旅游、生态旅游、探险旅游、农业旅游等特色旅游。这一背景下，新疆边境旅游发展与边境地区经济紧密结合，边境旅游业形成一定的规模，逐步成为边境地区富民、兴边的战略性支柱产业。

2010年，中央召开新疆工作座谈会以来，新疆的经济社会发展发生了巨大的变化，国家批准设立了喀什、霍尔果斯两个经济开发区。2011年12月，中哈霍尔果斯国际边境合作中心正式运营，这是我国与其他国家建立的首个跨境边境合作区，也是上海合作组织框架下区域合作的示范区。合作区依托免签入境、跨境旅游、免税购物等优惠政策极大地促进了新疆边境旅游的发展，目前已成为新疆边境旅游发展的典型代表。

2013年，“一带一路”倡议的提出使新疆的区位优势日益凸显。2014年，中央第二次新疆工作座谈会明确表示，以通道建设为依托扩大新疆对内对外开放，立足区位优势，把新疆建设成“丝绸之路经济带”核心区。区位优势和政策优势进一步促进了新疆边境地区向西开放，跨境合作日益受到各级政府重视，为新疆发展边境旅游和“丝绸之路经济带”旅游区建设提供了广阔的空间和发展前景。阿拉山口口岸、巴克图口岸、伊宁市、塔克什肯口岸等口岸边民互市贸易区陆续设立。哈方公民入境手续进一步便利化。例如，2009年阿拉山口口岸开通针对哈方公民的“一日免签”，巴克图口岸、吉木乃口岸相继开通“三日免签”通道（哈萨克斯坦公民在口岸互市贸易区免签证旅游、购物的时间延长至72小时）；霍尔果斯口岸区域早在2001年经国家批准对哈方公民实行“一日免签”，2014年又获国务院批复开展口岸落地签证业务①。这一时期，边境贸易和人员往来十分活跃，以新疆各类口岸为合作节点的跨境旅游也快速发展，旅游购物行为和旅游人员数量急剧增加。但发展规模、影响力、覆盖面都局限在一定程度内，且受季节性影响明显。

2015年3月，国家发展改革委等三部委联合发布《推动共建丝绸之路经济带和21世纪海上丝绸之路的愿景与行动》，提出发挥新疆独特的区位优势和向西开放的重要窗口作用，形成丝绸之路经济带上重要的交通枢纽、商贸物流和文化科教中心，打造丝绸之路经济带核心区。

2015年，国务院印发了《关于支持沿边重点地区开发开放若干政策措施的意见》（以下简称《意见》），提出要促进要素流动便利化，尤其是人员往来便利化，并强调要提升旅游开放水平，促进边境旅游繁荣发展。《意见》还指出，重点开发开放试验区、沿边国家级口岸、边境城市、边境经济合作区和跨境经济合作区等沿边重点地区是我国深化与周边国家和地区合作的重要平台。其中新疆的霍尔果斯和阿拉山口2个沿边国家级铁路口岸、红其拉甫等14个公路口岸，伊宁边境经济合作区、博乐边境经济合作区、塔城边境经济合作区、吉木乃边境经济合作区4个边境经济合作区和中哈霍尔果斯国际边境合作中心均被列入沿边重点地区名录。重点口岸和合作区的建设使边境地区的基础设施、公共服务水平和综合环境不断改善，新疆边境地区逐渐从出境旅游通道向国际旅游目的地转变。

近年来，哈萨克斯坦的旅游环境质量不断提高，其“友好中国”计划的推行为中国游客的跨境旅游和贸易交往提供更加舒适和便捷的条件。2015年12月，中国与哈萨克斯坦签署《关于便利中国公民赴哈萨克斯坦共和国团队旅游的备忘录》，标志着中国公民组团赴哈萨克斯坦的旅游业务正式启动，中哈旅游合作从此进入快车道。不仅如此，新疆霍尔果斯还为吸引哈萨克斯坦游客积极创建中哈国际文化旅游区，丰富中哈合作区的旅游资源，推动开展优质旅游项目。

---

① 高俊，曹开军，徐明月，等.新疆边境旅游发展演化特征及其影响因素：霍尔果斯案例[J].中国生态旅游，2022（3）：442-455.

2017年，《新疆维吾尔自治区旅游业发展第十三个五年规划》就进一步坚定新疆旅游业对外开放，延续“一心一地”的丝绸之路新疆宏观战略定位，在“一带一路”背景下全面开创国际旅游新格局作出了重要部署，要求完善国内外以及中亚欧地区公路、铁路、航空的旅游交通运输设施建设，推进丝绸之路沿线国家和地区与新疆的互联互通，逐步实现旅游发展一体化模式；同时坚持试点先行，建设新疆地区的跨境旅游合作实验区，通过实验区建设不断提高新疆旅游业在国际上的话语权和核心竞争力。

2020年，中央召开第三次新疆工作座谈会，提出要发挥新疆区位优势，以推进丝绸之路经济带核心区建设为驱动，把新疆自身的区域性开放战略纳入国家向西开放的总体布局中，打造内陆开放和沿边开放的高地的重要目标。同年，新疆塔城重点开发开放试验区设立，为新疆深化与中亚国家合作、促进人文交流、开展旅游合作提供了重要平台。2021年，新疆实施“旅游兴疆”战略，制定了《新疆维吾尔自治区旅游促进条例》，力求突破当前旅游业发展局限性，丰富旅游业的发展内涵，逐步培育和开展红色旅游、康养旅游和边境旅游等旅游新业态，促进旅游产业与经济、文化、生活的融合发展。

这些战略的实施，标志着边境地区的开发开放已上升为国家战略，边境地区旅游业成为国家开发开放战略的核心组成部分之一，新疆边境旅游业展现出广阔的发展前景。

从发展时序上看，新疆边境旅游先后以地缘驱动、经贸驱动和政策驱动为主要特征。由于地缘特点，新疆边境旅游的政策导向性强，新疆与邻国虽在旅游经贸上具有互补性，但合作通常是在地缘政治的大框架之内加以考虑，外部大环境波动始终影响着边境旅游的发展进程。中国与周边国家的地缘政治与经济格局、新疆安全形势、口岸区位、区域社会经济发展水平以及旅游供给水平是新疆边境旅游发展的主要影响因素。见表2–1。

表2-1 新疆边境旅游的阶段特征

阶段划分	特征描述
地缘驱动期（1992—1998）	地缘驱动，边境旅游与政府间的外事接待、边境贸易和边民往来相联系，成为新疆边境旅游发展的起点。这一阶段以入境客流主导的购物商贸游为主要特征
政策叠加期（1999—2009）	西部大开发战略、兴边富民行动规划实施，边境地区旅游产业逐步形成，并成为“兴边富民”的战略性支柱产业
战略机遇期（2010年至今）	先后三次中央新疆工作座谈会、“一带一路”倡议的深入推进、“丝绸之路经济带”核心区定位、兴边富民行动的持续实施、国务院《关于支持沿边重点地区开发开放若干政策措施的意见》等国家战略叠加，新疆边境旅游进入全面发展的机遇期

第二节　新疆边境旅游的发展水平

一、新疆边境旅游发展的主要指标（基础条件）

截至笔者调研结束时，我国新疆（下文为简化，有时称“我国新疆”为“新疆”）共有32个边境县（市）开展了边境旅游活动。17个国家一类口岸，其中陆路口岸有15个（见表2-2），航空口岸有2个；已经正式开通使用的有15个，未开放的有2个，分别是阿黑土别克口岸和木扎尔特口岸。霍尔果斯、阿拉山口、巴克图、吉木乃、红其拉甫、伊尔克什坦、卡拉苏、乌鲁木齐国际机场和喀什航空口岸对第三国人员、货物、交通工具开放。陆路口岸中，新疆与蒙古的边境口岸有4个，与哈萨克斯坦的边境口岸有7个，与吉尔吉斯斯坦的边境口岸有2个，与巴基斯坦的边境口岸有1个，与塔吉克斯坦的边境口岸有1个，新疆与俄罗斯边境线只有50多公里，没有单独设立边境口岸。已建设边境经济合作区4个，分别是伊宁边境经济合作区、博乐边境经济合作区、塔城边境经济合作区和吉木乃边境经济合作区；重点开发开放试验区1个——塔城重点开发开放试验区。

正在建设跨境合作区1个（阿勒泰跨境旅游合作区），中哈霍尔果斯国际边境合作区被列入沿边重点地区名录，形成了沿边开放大口岸格局。

新疆开展了与哈萨克斯坦、蒙古、俄罗斯、吉尔吉斯斯坦、塔吉克斯坦等国的边境旅游活动。与我国新疆接壤的8个国家中，印度、巴基斯坦、蒙古和俄罗斯4个国家是我国旅游目的地国，哈萨克斯坦于2015年12月正式成为我国的旅游目的地。

表2-2　新疆陆路边境一类口岸分布表

所处地市州	口岸名称	对应国家	口岸类型	所处县区旗
伊犁州	巴克图	哈萨克斯坦	公路	塔城市
	霍尔果斯	哈萨克斯坦	铁路、公路	霍城县
	木扎尔特	哈萨克斯坦	公路	昭苏县
	都拉塔	哈萨克斯坦	公路	察布查尔县
博州	阿拉山口	哈萨克斯坦	铁路、公路	博乐市
喀什地区	红其拉甫	巴基斯坦	公路	塔什库尔干县
	卡拉苏	塔吉克斯坦	公路	塔什库尔干县
哈密市	老爷庙	蒙古	公路	巴里坤哈萨克自治县
克州	伊尔克什坦	吉尔吉斯斯坦	公路	乌恰县
	吐尔尕特	吉尔吉斯斯坦	公路	乌恰县
阿勒泰地区	红山嘴	蒙古	公路	福海县
	吉木乃	哈萨克斯坦	公路	吉木乃县
	塔克什肯	蒙古	公路	青河县
	阿黑吐别克	哈萨克斯坦	公路	哈巴河县
昌吉州	乌拉斯台	蒙古	公路	奇台县

资料来源：新疆统计部门

（一）新疆与周边国家边境旅游开展情况

中亚国家是古丝绸之路的重要组成部分，也是“丝绸之路经济带”向西延伸的第一站。中国与中亚国家具有传统的睦邻友好合作关系以及悠久的文化交流历史，中亚国家的主要民族与我国哈萨克族、柯尔克孜族、俄罗斯族等少数民族在历史上同宗同源、生活习惯相近、语言文字互通，为人文交流合作奠定了良好基础。近年来，随着“一带一路”倡议的提出，中亚五国旅游签证政策的向好，旅游免签地的增多、时间的延长，以及互联互通基础设施的加强，新疆边境旅游取得了快速发展，已成为推动新疆旅游业快速发展的强劲引擎，有效地带动了边境地区的就业和贫困人口的脱贫致富，稳边富民作用凸显，同时，也加快了新疆对外开放的步伐。

新疆边境旅游的独特魅力以及边贸经济等正在吸引着越来越多的游客。据统计，2008年全疆接待入境游客36.32万人次，创汇1.36亿美元；2018年接待入境游客262.6万人次，创汇12.23亿美元，入境游客和创汇额分别约为2008年的7倍和9倍；如前所述，2019年入境游客和创汇额继续保持高增长态势。

1. 中哈俄蒙边境旅游情况

中国与哈俄蒙边境旅游非常活跃，伊犁州、阿勒泰地区、塔城地区、博州以及昌吉州等与各国积极开展了边民互市贸易、边境旅游和人文交流等活动，并在哈方入境、贸易等方面给予极其便利的条件，来促进加快双方的旅游、贸易、人文交流的发展。

伊犁州通过举办新疆伊犁天马国际旅游节、霍尔果斯口岸旅游专题推介会、中亚跨境旅游合作论坛等一系列活动，建立中哈定期沟通、旅游洽谈、实地考察等联系机制，并在旅游宣传、旅游管理、旅游线路规划以及客源扩充等方面进行合作。尤其是将霍尔果斯口岸设立为霍尔果斯经济开发区以及中哈霍尔果斯国际边境合作中心以来，为中哈两国公民购物、观光、娱乐提供了独一无二的优势，边境旅游购物规模不断扩大，2019年中哈合作中心出入人员近660万人次，较2018年增长11.4%。目前，以边民互市贸易中心、国际旅游商贸城、合作中心跨境游、免税购物游等为载体的边境旅游活动已成为中哈边境旅游的重要组成部分。2020年中哈霍尔果斯国际边境合作中心中方配套区升级为霍尔果斯综合保税区，将进一步助推新疆与周边国家开展旅游服务贸易。

阿勒泰地区与哈萨克斯坦、俄罗斯、蒙古三个国家接壤，拥有4个国家一类口岸，其中塔克什肯口岸和吉木乃口岸全年通关，采取签发边境通行证的形式，限具有本地区常住户口人员组团前往对方国家边境省区开展边境旅游活动。2014年，吉木乃口岸边民互市贸易区实施了对哈公民“三日免签”政策，成为北疆片区哈方小商品、食品进口集散地。塔克什肯口岸是中国新疆对蒙古国的第一大口岸，也是中蒙间的重要贸易和物流通道。2015年，塔克什肯口岸出入境人员达193510人次。此外，阿勒泰地区高度重视与周边国家和地区的交流交往，依托节事活动助推跨境旅游发展，大力推动环阿尔泰山“四国六方”开展跨境旅游务实合作。依托节事活动积极拓展中蒙俄跨境旅游活动，规划形成环阿尔泰山中哈俄蒙十二日跨境特种游，中哈六日、中蒙五日跨境自驾游等多条跨境旅游线路。

塔城地区紧紧围绕打造“中哈合作示范区”，把巴克图口岸建成“走向中亚、西亚和欧洲的大通道”的发展定位，在边民互市、跨境旅游、友好城市建设以及交流合作等方面取得较快发展。2009年，巴克图口岸边民互市贸易区实行哈萨克斯坦公民“一日免签”政策，2010年该口岸被确定为边民互市“三日免签”政策试点口岸；2012年，“三日免签”边民互市活动范围扩大到塔城市城区，实现历史性突破；2013年，塔城市至哈萨克斯坦东哈州乌加尔县“三日游”边境旅游线路开通；2016年，中哈俄三国实现国际货车联运。另外，塔城地区还充分利用亚欧博览会、农博会等与哈萨克斯坦东哈州政府就“绿色通道”、双边铁路建设、出境旅游等事宜进行交流合作，并签订了《跨境旅游合作备忘录》《跨境旅游合作协议》。2020年12月，国务院批复设立新疆维吾尔自治区塔城重点开发开放试验区，以巴克图口岸为中心的中哈旅游合作已全方位展开。

博州与哈萨克斯坦接壤，边境线长372公里，境内阿拉山口口岸是新亚欧大陆桥桥头堡，也是集铁路、公路、管道、航空四种运输方式于一体的国家一类口岸，是我国内陆边境地区向西开放的战略支点。中哈边民互市贸易区于2009年12月开设，哈萨克斯坦公民可以“一日免签证”入境购物，阿拉山口与哈萨克斯坦的口岸间边民贸易及民间交流活动频繁。2011年5月，国务院批准设立阿拉山口综合保税区，使阿拉山口以购物消费带动边境旅游的优势得到进一步的发展。在出境旅游方面，2015年12月，中国与哈萨克斯坦签订了《关于便利中国公民赴哈萨克斯坦共和国团队旅游的备忘录》。2019年，阿拉山口市以丝绸之路经济带核心区重要节点城市建设为契机，联合省内外旅游资源进行客源的联结和扩充。“十三五”期间，博州全面启动“旅游兴州”战略，旅游业表现出蓬勃发展的态势，已成为当地的战略性支柱产业。

昌吉州乌拉斯台口岸加强与蒙古有关部门和旅游企业的沟通与联系，组织蒙古边境地区公民入境旅游购物和探亲、观光，并逐步向奇台、昌吉、乌鲁木齐三日游和五日游发展。结合旅游业发展经济，促进信息交流和商品销售，使边境旅游业的发展成为促进自治州经贸发展的重要形式和渠道。

2. 中巴、中吉边境旅游情况

与巴基斯坦和吉尔吉斯斯坦接壤的地（州、市）分别是新疆喀什地区和克州。喀什边境游在20世纪80年代后期开始出现，90年代中期曾一度繁荣。其中，中巴红其拉甫口岸于1982年8月对中巴两国公民正式开放，1986年5月1日正式向第三国人员开放，2006年9月地区旅游局组织喀什各家旅行社17人到巴基斯坦北部地区进行线路考察，2007年5月起由喀什国旅组织两个团前往巴北部地区旅游，后因故停止。吉尔吉斯斯坦出境游于2002年开通，2003年因故停止，至今再未开展。2013年，喀什至巴基斯坦首都伊斯兰堡直飞双向定期（每周一趟）国际航线的正式开通，部分旅行社开始组织游客到巴基斯坦旅游，但总体上出入境游客量都较少，尤其通过陆路口岸出入境的游客极少，因通道不畅通，喀什“五口通八国”的区位优势未能发挥应有的功效。喀喇昆仑公路作为联结中巴往来的重要通道也在不断升级改造，2020年7月，喀喇昆仑公路二期项目全线通车，该项目的顺利完工为中巴边境旅游创造了有利的环境，推动了中巴贸易的顺利开展。

克州的伊尔克什坦口岸和吐尔尕特口岸与吉尔吉斯斯坦毗邻，是古丝绸之路上的重要通道和驿站，是常年开放口岸。双方口岸人员往来形式分三大类：外贸、旅游、公务。出入境人员可持因公护照、公务护照、因私护照出入，限定活动范围是：阿图什市、乌恰县、喀什市。吉尔吉斯斯坦对开展跨境旅游持合作态度，口岸旅游各级主管部门及旅行社对我国前往该国旅游的客源市场有兴趣，吉方公民通过这两个口岸前来我国旅游的愿望迫切，但由于气候和自然条件较差，边境旅游的发展并不理想。2015年，伊尔克什坦口岸边民互市贸易区成功获批，边民通过边民互市贸易区进口的生活用品，每人每日可有人民币价值8000元的免征进口关税和进口环节税额度。互市贸易区的成立对发挥伊尔克什坦口岸优势，有效推动双边旅游合作奠定了基础。

3. 中塔边境旅游情况

卡拉苏口岸是新疆境内唯一的中塔陆路口岸，也是中国唯一对塔吉克斯坦开放的陆路口岸，2014年4月正式对外开放，近年来承担着对塔吉克斯坦、阿富汗乃至俄罗斯等国家需求的各种物资、文化用品的运输。塔吉克斯坦有发展旅游的自然条件，与我国关系比较紧密，近年来也采取了一些措施吸引中国游客到塔观光旅游。2014年9月，《中塔关于进一步发展和深化战略伙伴关系的联合宣言》的签署，为推进我国新疆与塔吉克斯坦的旅游合作，实现互为旅游目的地、发展跨境自驾旅游、举办旅游研修交流班等旅游合作事宜开启了良好的合作前景。

（二）新疆边境旅游业的整体发展情况

“十三五”以来，新疆深入实施旅游兴疆战略，大力推进全域旅游，全力推动文旅融合，深化旅游产品供给侧结构性改革，着力破解“三难一不畅”（上厕所难、停车难、加油难、通信不畅）等制约旅游发展的瓶颈。旅游业得到快速发展，尤其是2016—2019年，新疆旅游业接待游客数量连年破纪录。其中2016年接待国内外游客8102万人次，旅游收入1401亿元，比上年同期均实现两成以上的增长；2017年接待游客10725.51万人次，旅游收入实现1822亿元，比上年同期均增长30%以上；2018年接待游客15024.9万人次，实现旅游收入2579.71亿元，比上年同期分别增长40.09%和41.59%；2019年接待游客数首次突破2亿人次，比上年同期增长41.76%，旅游总收入达到3632.58亿元，比上年同期增长40.81%（见表2-3）。2020年受疫情影响，旅游接待人次及旅游收入降幅较大。

表2-3　新疆2016—2020年主要旅游经济指标

年份	入境旅游者/万人次	旅游外汇收入/亿美元	国内旅游者/万人次	国内旅游收入/亿元
2016	201.00	9.01	7901.00	1340.00
2017	234.82	10.54	10490.69	1751.60
2018	262.60	12.23	14762.30	2497.00
2019	178.78	5.86	21120.76	3593.50
2020	6.10	0.02	15805.36	991.03

数据来源：新疆统计部门2016—2020年数据

1. 国内旅游

从2000年起，新疆国内旅游接待人次（下文视行文需要或简称为“旅游人次”“接待人次”）大幅增长，尤其是2015年以来，随着旅游开发力度的加大、全国19省（区、市）持续开展旅游援疆以及新疆社会形势的好转，新疆的国内旅游呈现快速增长态势，其中仅2015年旅游人次就比上年增长23.5%，国内旅游收入同比增长58.99%（见表2-4）。

2000—2019年，新疆国内旅游接待人次和旅游收入呈波动性增长，其中旅游人次涨幅峰值分别出现在2004、2007、2010和2019年，增速都在20%以上，尤其是2010年，国内旅游接待人次爆发式增长，比上年增加了44.80%。而谷底分别在2003、2008、2009、2014和2020年，而与此对应的分别是2003年的“非典”、2008年全球性金融危机、2009年的“7·5”事件、2014年云南昆明以及新疆发生的暴恐事件及2019年底暴发的全球性新冠疫情。旅游业的脆弱性使其容易受到各种因素的影响，包括政治事件、金融危机、重大突发事件、疾病等，新疆国内旅游受到这些因素的较大影响，其中2020年，受新冠疫情影响，旅游收入和旅游人次分别下降了72.42%和25.17%（见表2–4和图2–1）。

表2–4　2000—2020年新疆国内旅游收入及旅游接待人次变化情况

年份	国内旅游收入/亿元	国内旅游接待/万人次	旅游接待人次增速/%
2000	62.67	758.00	9.13
2001	71.80	839.30	10.8
2002	83.95	967.94	13.3
2003	88.69	1011.50	4.5
2004	108.96	1241.58	22.7
2005	130.55	1465.00	17.99
2006	149.14	1661.00	13.3
2007	192.92	2126.00	28.0
2008	197.95	2195.00	3.3
2009	176.75	2098.00	–4.4
2010	281.13	3038.00	44.8
2011	411.00	3892.00	26.0
2012	542.00	4711.00	23.0
2013	637.38	5048.86	7.2
2014	619.53	4802.52	–4.9
2015	985.00	5929.00	23.5
2016	1340.00	7901.00	24.5
2017	1751.60	10490.69	32.8
2018	2497.00	14762.30	40.1

续表

年份	国内旅游收入/亿元	国内旅游接待/万人次	旅游接待人次增速/%
2019	3593.50	21120.76	43.3
2020	991.03	15805.36	–25.17

数据来源：新疆统计公报2000—2020年数据

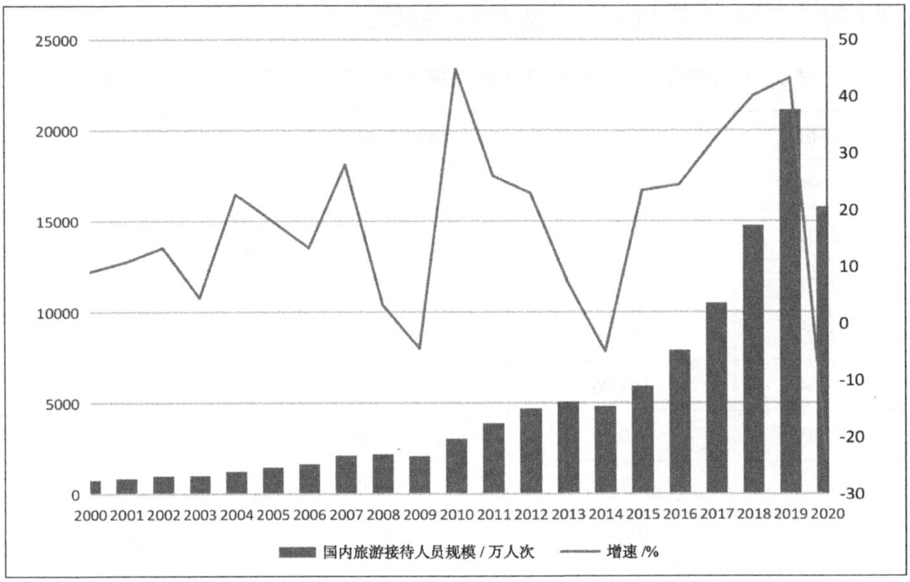

图2–1　2000—2020年新疆国内旅游接待人员规模及增速

2. 入境旅游

新疆入境旅游人次从2000年的25.61万人次增加到2018年的262.60万人次，增长了925.38%；入境旅游收入从2000年的0.95亿美元增加到2018年的12.23亿美元，增长了1187.37%。2019年、2020年由于新冠疫情的暴发，入境旅游人次及创汇收入急剧下降，2020年入境旅游人次仅6.10万人次，同期创汇收入仅0.016亿美元（见表2–5）。新疆入境旅游人数增长的阶段性趋势与国内旅游人次基本保持一致（见图2–1、图2–2）。从客源结构上看，2018年，新疆累计接待外国人248.94万人次，同比增长10.86%；接待中国香港同胞28376人次、澳门同胞8868人次、台湾同胞99410人次①；外国游客是新疆入境旅游的主体，排名前三位的客源国为：哈萨克斯坦、俄罗斯、蒙古，2018年入疆旅游人次分别为210.22万、17.69万和13.71万②。

表2-5　2000—2020年新疆入境旅游人次及增速

年份	入境旅游收入/亿美元	入境旅游人次/万人次	旅游人次增速/%
2000	0.95	25.61	14.0
2001	0.986	27.30	6.6
2002	0.99	27.54	0.87
2003	0.486	17.05	–38.1
2004	0.911	31.69	85.9
2005	1.00	33.11	4.5
2006	1.28	36.25	9.5
2007	1.62	43.84	20.9
2008	1.36	36.32	–17.2
2009	1.37	35.49	–2.8
2010	3.68	106.53	43.5
2011	4.66	132.50	24.5
2012	5.51	149.80	13.1
2013	5.85	156.73	4.6
2014	4.97	150.17	–4.2
2015	6.08	168.36	14.1
2016	9.01	201.00	19.6
2017	10.54	234.82	17.1
2018	12.23	262.60	11.8
2019	5.86	178.78	–31.92
2020	0.016	6.10	–96.59

数据来源：新疆统计部门2000—2020年资料

① 新疆旅游局官方网站，见wlt.xinjiang.gov.cn.

② 新疆旅游局官方网站，见wlt.xinjiang.gov.cn.

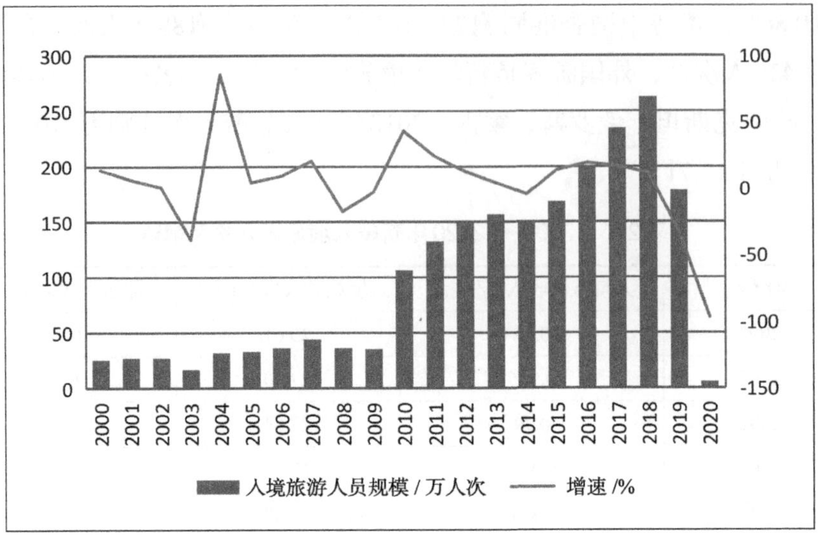

图2–2　2000—2020年新疆入境旅游人员规模及增速

3. 出境旅游

近年来，新疆居民出境游人次呈现先上升再逐年下降的趋势。其中，2015年最多，疆内居民出境游达60000多人次，是2010年的5倍多（见表2–6）。在出行线路方面，以欧美、中亚、西亚、东南亚以及日本、韩国等国和中国的台湾等地为主，其中中国台湾是新疆游客的首选目的地，仅2015年1—10月，新疆游客赴台人员就达3.24万人次，占出境人员的73%[①]。

表2–6　2010—2020年新疆出境旅游人员详表

年份	2010	2011	2012	2013	2014	2015	2016	2017	2018	2019	2020
疆内居民出境游人员 / 人次	12499	13255	28895	26350	40343	63972	59888	32896	10279	13708	505

注：数据来自新疆统计部门2011—2021年资料

① 新疆旅游局官方网站，见wlt.xinjiang.gov.cn.

（三）口岸旅游规模

2006—2019年新疆口岸出入境总人次呈现出起伏式的年度变化。2007—2010年，由于全球金融危机和2009年新疆安全形势等原因，各口岸出入境人次均出现不同程度的下降；2011—2012年，借助中哈霍尔果斯国际边境合作中心成立的政策优势，口岸出入境人次明显增长；2012—2015年，由于受国际国内经济下行压力以及疆内安全形势的影响，口岸出入境人次呈逐年下降趋势；2016—2017年则出现了爆发式增长，说明新疆社会的安全稳定，“一带一路”的深入推进、2015年国家提出发挥新疆独特的区位优势和向西开放的重要窗口作用，打造丝绸之路经济带核心区的战略定位，以及2016年国务院印发《关于支持沿边重点地区开发开放若干政策措施的意见》极大地促进了新疆边境旅游的发展（见图2-3）。

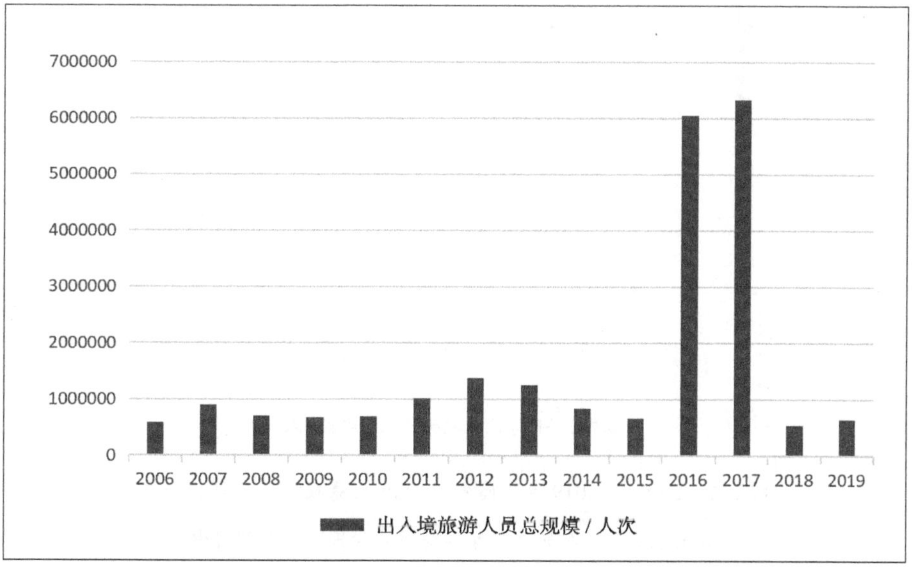

图2-3　2006—2019年新疆所有口岸出入境旅游人员总规模变化趋势

数据来源：经对新疆口岸办提供的数据进行整理得出

横向看，各口岸出入境人次存在较大差异（见图2-4、图2-5），霍尔果斯口岸人流量最大，2006—2019年总计出入境旅游人员近1688万人次；接下来为吉木乃、阿拉山口和巴克图，2006—2019年总计出入境旅游人员均在93万人次以上；然后为塔克什肯，2019年出入境旅游人次是2006年的约30倍，总计出入境旅游人员超过73万人次。十四年来总计出入境人次20万—40万人次的有伊尔克什坦、都拉塔、吐尔尕特、红其拉甫和老爷庙5个口岸；出入境人次最少的为卡拉苏、乌拉斯台和红山嘴口岸，年均出入境人次仅在几百到几千人次之间。其中红山嘴是季节性开放口岸，一年只有50天开关期，乌拉斯台每年只有45天开关期，业务少。

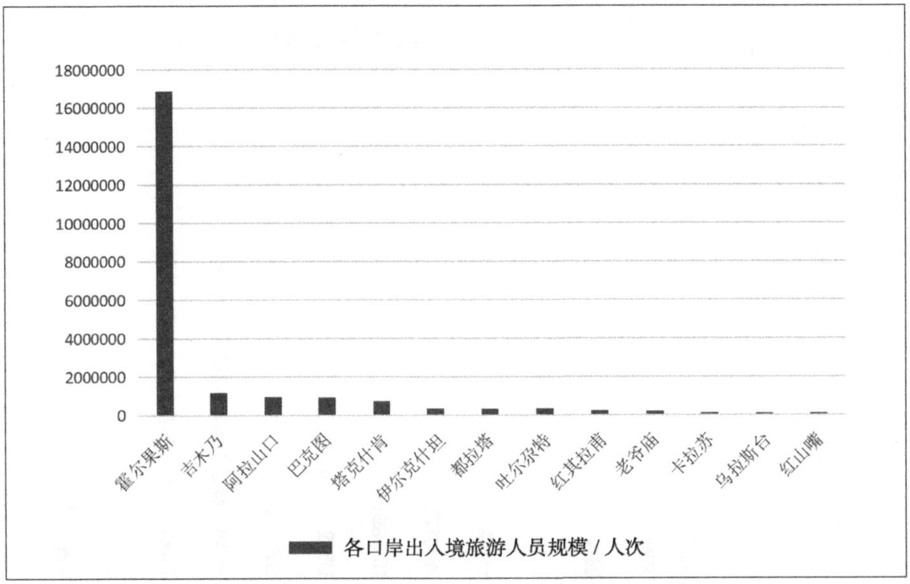

图2-4　2006—2019年新疆各口岸出入境旅游人员规模对比

数据来源：经对新疆口岸办提供的数据进行整理得出

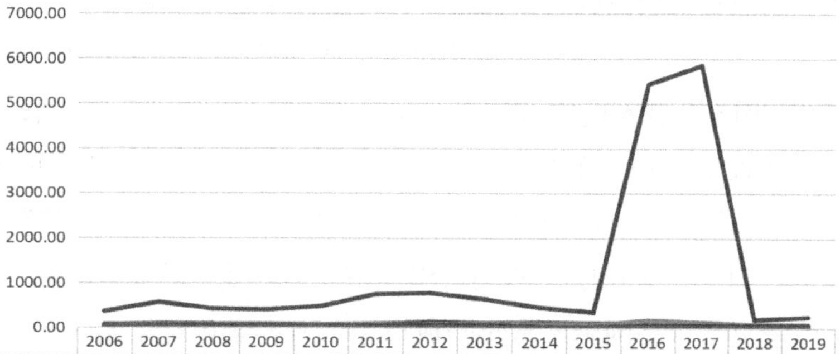

	2006	2007	2008	2009	2010	2011	2012	2013	2014	2015	2016	2017	2018	2019
霍尔果斯	358.13	562.62	418.78	399.34	475.02	746.32	774.67	637.93	454.57	352.34	5430.4	5848.8	179.40	247.68
吉木乃	61.27	95.45	81.98	80.55	70.34	98.20	138.79	115.01	131.24	92.27	88.43	65.64	23.30	23.36
阿拉山口	69.25	83.26	66.66	59.98	59.11	49.78	126.87	102.77	28.70	29.59	80.55	74.13	69.40	62.75
巴克图	35.37	60.34	57.62	47.61	35.64	55.19	57.61	100.60	118.10	99.07	109.28	74.13	36.10	48.07
塔克什肯	2.34	4.77	3.23	21.57	3.54	4.70	76.26	73.11	59.68	49.50	172.36	119.67	71.90	70.51
伊尔克什坦	14.54	18.41	14.81	11.75	11.28	17.88	47.24	44.36	12.64	12.61	40.05	30.93	29.40	37.63
都拉塔	1.83	23.64	24.21	21.31	20.55	19.09	43.38	33.95	6.84	7.85	28.66	33.31	23.30	34.13
吐尔尕特	12.83	15.54	13.50	10.17	8.95	11.34	45.37	44.49	11.29	10.88	45.70	38.79	45.90	43.72
红其拉甫	13.30	16.12	12.35	14.72	7.63	9.87	18.23	26.31	9.07	6.07	17.85	15.26	15.70	30.33
老爷庙	3.21	2.21	0.14	0.00	0.00	0.00	41.22	55.52	1.09	1.11	17.24	22.76	35.10	27.57
卡拉苏	3.88	8.46	3.84	2.60	2.29	2.74	11.11	19.34	4.92	1.75	14.68	10.96	14.20	15.74
乌拉斯台	4.06	2.38	1.00	0.63	0.35	0.45	0.11	0.37	0.18	0.15	0.25	0.62	1.20	0.04
红山嘴	0.04	0.42	0.47	1.45	0.24	0.47	1.97	0.52	0.19	1.29	0.95	1.11	0.20	0.23

图2–5　2006—2019年新疆各口岸出入境旅游人员规模与变化趋势

注：图中数据单位为千人次

在对应国家方面，从图2–4和图2–5可以看出，中哈口岸如霍尔果斯、阿拉山口、吉木乃、巴克图和都拉塔等较为活跃，出入境游客较多，这也与中哈之间交流与合作广泛、贸易量大，口岸大多为贸易型、旅游购物型口岸密切相关。如霍尔果斯的经贸是全国政策制高点，中哈边境合作中心也是世界首创，中哈国境线在这里是开放的，以购物消费带动边境旅游发展是霍尔果斯旅游业发展的主要模式。新疆与吉尔吉斯斯坦的2个口岸伊尔克什坦和吐尔尕特口岸，位于新疆克州乌恰县境内，是我国通往中亚、南亚、西亚和欧洲各国的重要门户，2006—2015年出入境人次较为平稳，除2012年和2013年外，年均客流量在1万—2万人次，而2015—2016年两口岸充分发挥其区位优势，客流量增长迅速。新疆唯一对巴基斯坦的陆路口岸红其拉甫口岸，历史上就是古丝绸之路前往印度、中亚、西亚直至欧洲的咽喉要道，也是我国中巴经济走廊、中巴互联互通的重要门户和通道，具有发展边境旅游的巨大潜力，虽然由于各种原因，2006—2015年出入境旅客表现一般，但2016年以来迅速增长，由17.85千人次增长至2019年的33.33千人次。中国与塔吉克斯坦唯一陆路口岸卡拉苏口岸，除2013年和2019年外，每年出入境人次较少，游客量一般在15千人次以下，也反映出两国口岸经济功能较弱的特点。中蒙的4个口岸中，除塔克什肯是国际性常年开放口岸、游客量相对较大外，老爷庙、乌拉斯台和红山嘴口岸由于是季节性开放，故而业务较少。

从所在地（州、市）来看，霍尔果斯、吉木乃、阿拉山口、巴克图出入境游客较多的口岸都位于交通便利、旅游资源丰富、经济基础较好的北疆地区，尤其是从塔城—伊犁沿线口岸自然条件相对较好，城镇化整体水平最高，口岸出入境人员较多，旅游业发展较好，其中霍尔果斯口岸、阿拉山口两个常年多边开放口岸，是目前新疆城镇化最好的口岸，也是贸易量最大的口岸。而伊尔克什坦、吐尔尕特及卡拉苏口岸位于克州和喀什地区等经济发展相对滞后的新疆南疆贫困地区，口岸自然条件比较恶劣，交通不便，口岸游客量相对较少。

二、新疆边境旅游业的经济社会效益

（一）对经济增长的贡献

产业经济学上一般把在国民经济中发展较快、对地区经济贡献大、对整个经济有引导作用的产业定义为支柱产业。支柱产业具有关联度高、带动作用强等特点，强调产业的净产出占国民经济比重：产业增加值占GDP的比重达5%左右。近年来，旅游业对新疆国民经济和第三产业的贡献率不断提高，旅游收入占GDP的比重不断增长，由2000年占GDP的5.2%，上升到2019年的26.72%（见表2–7），年均贡献率在8.9%左右；

旅游总收入占第三产业增加值的比重由2000年的14.39%增长到2019年的51.75%，促进了新疆经济总量的增长和产业结构升级，新疆旅游业的战略支柱产业的作用逐渐显现。2020年由于新冠疫情的影响，旅游总收入下跌为992.12亿元，同比下降72.69%，旅游总收入占GDP以及第三产业增加值的比重分别为6.68%、13.04%。

表2-7　2000—2015年新疆旅游业对经济增长的贡献

年份	GDP/亿元	第三产业增加值/亿元	旅游总收入/亿元	旅游总收入占GDP比重/%	旅游总收入占第三产业增加值比重/%
2000	1363.56	490.00	70.53	5.2	14.39
2001	1491.60	567.00	79.99	5.4	14.11
2002	1612.65	621.18	92.14	5.7	14.83
2003	1886.35	666.00	92.75	4.9	13.93
2004	2209.09	745.38	116.49	5.3	15.63
2005	2604.19	945.00	138.74	5.3	14.68
2006	3045.26	1047.88	159.30	5.2	15.20
2007	3523.16	1246.89	205.24	5.8	16.46
2008	4183.21	1425.57	207.40	5.0	14.55
2009	4277.05	1561.97	186.11	4.4	11.92
2010	5437.47	1806.51	306.04	5.6	16.94
2011	6610.05	2145.68	441.05	6.7	20.56
2012	7505.31	2649.00	576.00	7.7	21.74
2013	8443.84	3080.00	673.24	8.0	21.86
2014	9273.46	3797.68	650.00	7.0	17.12
2015	9324.80	4200.72	1022.00	10.9	24.33
2016	9617.23	4383.04	1401.00	14.57	31.96
2017	10920.09	4936.51	1821.97	16.68	36.91

续表

年份	GDP/亿元	第三产业增加值/亿元	旅游总收入/亿元	旅游总收入占GDP比重/%	旅游总收入占第三产业增加值比重/%
2018	12199.08	5584.02	2579.71	21.15	46.20
2019	13597.11	7019.86	3632.58	26.72	51.75
2020	13797.58	7071.85	992.12	6.68	13.04

数据来源：新疆统计部门

（二）旅游就业效益

近年来，随着新疆旅游业的发展，旅游兴疆战略深入实施，带动作用日益凸显。据测算，新疆与旅游相关的行业超过100个，其中旅游业对住宿业的贡献率超过80%，对民航和铁路客运业的贡献率超过70%。新疆维吾尔自治区文化和旅游厅数据显示，2018年以来，旅游业新增直接就业约5.41万人，带动间接就业约150万人。截至2020年年末，新疆共有农家乐10000多家，其中民宿4547家，星级农家乐1845家，带动就业24333人。从表2-8来看，2011—2017年新疆旅游业从业人数占新疆总从业人数的比例高于中国旅游业从业人数占中国总从业人数的比例，分别高出0.1568%（全国为0.1732%）、0.1462%（全国为0.1938%）、0.0626%（全国为0.2274%）、0.0637%（全国为0.3363%）、0.0355%（全国为0.3445%）、0.0909%（全国为0.3491%）、0.0626%（全国为0.3474%）；2011—2017年新疆旅游业从业人数占新疆第三产业总从业人数的比例高于中国旅游业从业人数占中国第三产业总从业人数的比重，分别高出0.4392%（全国为0.7508%）、0.4193%（全国为0.7707%）、0.1853%（全国为0.7047%）、0.212%（全国为0.928%）、0.1226%（全国为0.8874%）、0.2421%（全国为0.8379%）、0.1438%（全国为0.7962%）。新疆旅游业的平稳发展，与国家持续不断地对口援疆和帮助发展新疆旅游业密不可分。

表2-8　2010—2020年新疆旅游从业人数及所占比例

年份	新疆总从业人数/万人	第三产业就业人数/万人	服务业从业人数/万人	新疆旅游业总从业人数/人	新疆旅游从业人数占总从业人数比例/%	新疆旅游从业人数占第三产业从业人数比例/%	新疆旅游业从业人数占服务业人数比例/%
2010	1213	323.77	178.72	39577	0.33	1.22	2.21
2011	1235	340.39	184.51	40451	0.33	1.19	2.19
2012	1246	360.37	194.8	42899	0.34	1.19	2.20
2013	1260	411.46	250.13	36510	0.29	0.89	1.46
2014	1265	438.37	271.76	50125	0.40	1.14	1.84
2015	1292	487.12	280.64	49109	0.38	1.01	1.75
2016	1320	532.58	291.54	57550	0.44	1.08	1.97
2017	1336	584.44	281.2	55070	0.41	0.94	1.96
2018	1331	598	319.66	54200	0.41	0.91	1.70
2019	1343	658.42	297.62	52623	0.39	0.80	1.77
2020	1356	705	249.36	50184	0.37	0.71	2.01

数据来源：根据新疆统计部门提供的资料进行整理得出

注：这里的新疆旅游业总从业人数是指星级饭店、旅行社、A级景区等固定从业人员

第三章　新疆边境旅游的供给分析

旅游供给是指在一定时期内以一定价格向旅游市场提供的旅游产品的数量，具体包括旅游业经营者向旅游者提供的旅游资源、旅游设施和旅游服务等[①]。按照与旅游需求的密切或相关程度，旅游供给可以分为两大类，即基本旅游供给和辅助旅游供给。基本旅游供给即直接针对旅游者提供的核心旅游产品，包括旅游资源、旅游设施和旅游服务等；辅助旅游供给包括交通、通信以及公共设施等旅游地的基础设施。在旅游资源中，自然资源、历史文化遗产和民族文化是基本旅游资源的重要组成部分；旅游设施包括食、住、行、游、购、娱等反映旅游目的地接待能力和旅游发展规模的旅游要素建设情况，一般包括旅游运输设施、旅游食宿接待设施、游览娱乐设施和旅游购物；旅游服务按部门划分一般包括当地旅行社提供的导游服务及翻译服务、交通部门提供的客运服务、商业部门提供的购物服务以及其他部门提供的商业性接待服务。

① 石斌.旅游经济学[M].北京：清华大学出版社，2013：85.

第一节　边境旅游资源

新疆边境旅游资源非常丰富，包括美丽的自然风景、悠久的历史文化、独特的少数民族风情以及口岸特有的边关文化和边贸文化等。

一、旅游资源类型及数量

在《旅游资源分类、调查与评价》（国家标准GB/T 18972–2017年）的8个主类、155个基本类型中，新疆有8个主类、103个基本类型，旅游资源单体有1492处（见表3–1）。其中新疆边境地区拥有地文景观类80个，水域风光类79个，生物景观类48个，遗址遗迹类50个，建筑与设施类233个，人文活动类15个，天象与气候景观类4个，旅游商品类47个。

68种旅游资源中，新疆占56种，占全国旅游资源类型的约82.4%。其中部分旅游资源属全国独有或世界稀有，如中国最大的沙漠——塔克拉玛干沙漠，中国最大的硅化木化石区——新疆奇台硅化木园等。按《中国旅游资源普查规范》，新疆旅游景点共1171处，分别归入67个基本类型，占全国74个分类系统类型的90.5%。

表3–1　新疆旅游资源的基本类型及单体数量

主类名称	基本类型数量/个		旅游资源单体			
	全国	新疆	单体数量/个	占比/%	边境地区	占单体总量的比例/%
地文景观	37	21	165	11.06	80	48
水域风光	15	10	225	15.08	79	35
生物景观	11	8	211	14.14	48	23
天象与气候景观	8	6	14	0.94	4	28.6
遗址遗迹	12	8	189	12.67	50	26

续表

主类名称	基本类型数量/个		旅游资源单体			
	全国	新疆	单体数量/个	占比/%	边境地区	占单体总量的比例/%
建筑与设施	49	35	599	40.15	233	39
旅游商品	7	6	49	3.28	47	96
人文活动	16	9	40	2.68	15	38
合计	155	103	1492	100	556	—

由表3–1可见，以地文景观、水域风光、生物景观和天象与气候景观构成的新疆自然类景观有45个，占全疆旅游基本类型总数的43.7%，由遗址遗迹、建筑与设施、旅游商品和人文活动组成的人文类景观有58个，占总数的56.3%；在45个自然类旅游资源基本类型中，地文景观类最多，占到了47%；在人文类景观中，建筑与设施类旅游资源最多，占比达60%。在旅游单体数量上，建筑与设施类单体最多，占新疆旅游资源单体总量的40%以上；其次为水域风光类和生物景观类，占比分别达13%和18%。

二、旅游资源分布及特征

从旅游资源空间分布的整体格局来看，新疆“三山夹两盆”的地貌形成了新疆旅游资源“三带两环”的空间分布特征。三带为沿阿勒泰山、天山和昆仑山三大山脉的带状区，两环是指沿塔里木盆地和准噶尔盆地的边缘地带，使新疆旅游产生北疆、南疆和天山三条主要环线。

从旅游资源的空间集聚性来看，新疆的旅游资源呈七点状集聚分布特征，即以乌鲁木齐、昌吉、吐鲁番、阿勒泰、伊犁、阿克苏、喀什为中心的点状分布，每个点都有不同的资源特色。乌鲁木齐作为新疆政治、经济和文化中心，集自然景观与人文景观于一体；昌吉以天池、博格达冰川等高山湖泊和冰川景观为特色，二者区位相近而作为一个聚集区；吐鲁番以高昌故城、交河故城、葡萄沟等丝路名胜和民族风情为特色；阿勒泰以湖泊、森林公园为主；伊犁以草原风光和边境口岸为特色；喀什以浓郁的维吾尔民俗风情、丝路古迹和帕米尔高原等众多的人文景观与自然风光为特色；阿克苏以丝路北道文物古迹、库车佛教石窟为代表的龟兹文化艺术体系和托木尔峰自然景观为核心①。由上述可知，除乌鲁木齐外其他几个旅游资源聚集区均为边境地区，新疆边境地区的旅游资源较为富集。

从新疆南疆、北疆的旅游资源分布来看，差异明显，北疆地区自然风景奇特、类型多样；南疆地区民俗风情、古丝绸之路文化、古代城邦遗址、和田玉石文化等人文旅游资源富集。如阿勒泰和昌吉的自然景观类景区数量最多，而喀什的历史文化类景区数量在全疆排名第一。

2020年新疆10个边境地（州、市）旅游资源丰富，景区数量占到全疆的81.45%（见表3–2）。从景区分布来看，各边境地（州、市）旅游资源分布存在明显差异，A级景区数量最多的是伊犁州，为85个，然后为塔城地区、阿克苏地区、昌吉州、喀什地区，均在50个以上；接下来为阿勒泰地区和和田地区，A级景区数量均在30个以上；景区数量最少的是哈密市和克州，均不足20个。从景区级别看，拥有5A级景区最多的是喀什地区和阿勒泰地区，分别为3个，其次是伊犁州，有2个（见图3–1）。从景区特征来看，喀什地区拥有的历史文化类景区最多，昌吉州、伊犁州以及阿勒泰地区拥有自然景观类景区最多。

表3–2 2020年新疆边境地（州、市）旅游景区数量及占比

地区	A级景区数量/个	占比/%
边境地（州、市）	461	81.45
非边境地（州、市）	105	18.55

数据来源：根据新疆旅游部门网站数据整理得出

① 冯晓华.新疆旅游资源[M].北京：中国环境科学出版社，2012.

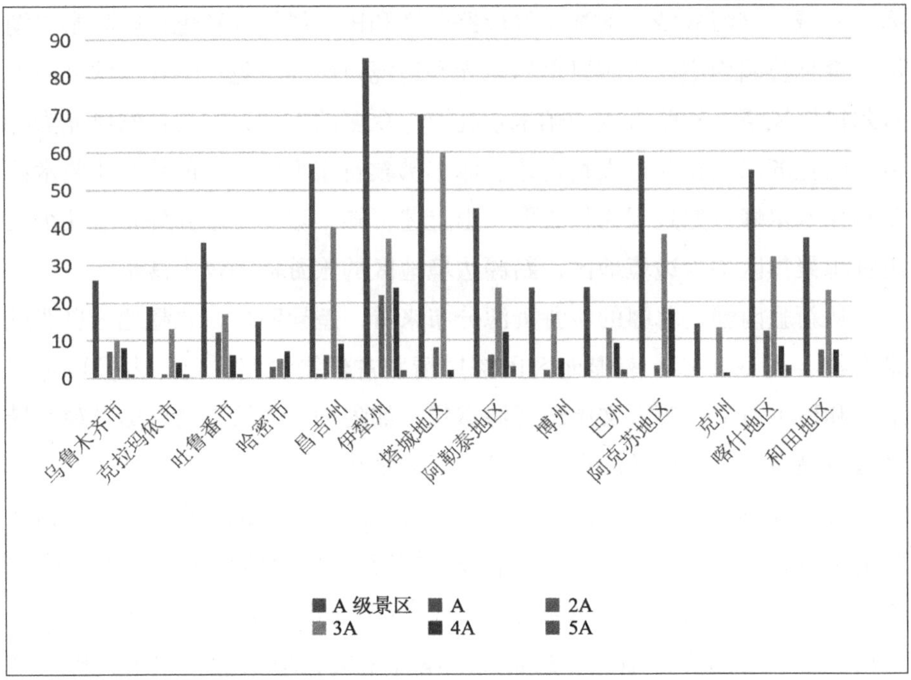

图3–1　新疆各地（州、市）A级及以上景区分布统计

注：图表数据来源于新疆旅游部门网站

三、旅游资源特征

（一）极具特色的自然风光

新疆自然景观具有“珍稀”“神奇”“优美”“旷野”等特征，著名的景区有高山湖泊——天山天池、人间仙境——喀纳斯、绿色长廊——吐鲁番葡萄沟、空中草原——那拉提、地质奇观——可可托海等。2013年中国“新疆天山”被列入联合国教科文组织世界自然遗产名录。2018年阿勒泰市被授予“中国雪都”国家气候标志。此外，新疆还有丰富的边境旅游资源，在中哈、中吉、中塔边界线上分布着大大小小的沙

漠、沙丘等，如中国最大的沙漠——塔克拉玛干沙漠，中国最大的硅化木化石区——新疆奇台硅化木园，布克赛尔蒙古自治县的魔鬼城，以及准噶尔古城堡等；中巴、中阿段边界线长分别为599公里和92公里，沿线有雄奇壮观的山峰、广袤的原始森林等，世界第二高峰——乔戈里峰、“冰山之父”——慕斯塔格峰耸立其中，有叶城县2万余公顷的原始森林、“坡陇森林公园”，有位于塔什库尔干县野生动物自然保护区的各种珍稀野生动物等；中印边界西段与我国新疆的和田接壤，新疆北部与蒙古接壤，沿边分布着草原、森林、沙丘等，有著名的伊吾胡杨林、巴里坤大草原以及木垒鸣沙山等。布尔津县是新疆境内唯一与俄罗斯接壤的边境县，境内河流众多，有额尔齐斯河、布尔津河两大水系。

（二）丰富的人文资源

深厚的历史文化底蕴。在古“丝绸之路”南、北、中三条干线上，分布着众多的古文化遗址、古墓葬、石窟寺等人文景观，其中交河故城、楼兰故城遗址、克孜尔千佛洞等享誉中外。全疆共有不可移动文物9542处，其中世界文化遗产地6处、全国重点文物保护单位133处、自治区级文物保护单位620处，对外开放文物保护单位135处，一些地方已成为爱国主义教育基地和重要旅游景点，喀什市、吐鲁番市、伊宁市、库车市、特克斯县等相继被评为历史文化名城。新疆浓郁的民族风情和浓厚的宗教文化，成为如今东西方文化交流和遗产保护的重要文化融合带。作为“丝绸之路经济带”上东西方多元文化的交汇点，新疆的文化资源既有民族特色，也具有多元、古朴、原始和神秘性。

丰富多彩的民族文化。新疆有47个民族，各民族在文化艺术、体育、服饰、饮食习俗等方面各具特色，经过长期的相融共生发展，形成了独特的地域文化和民族文化。如文化艺术方面，有哈萨克族的“阿肯弹唱”、维吾尔族的“麦西来甫”、柯尔克孜族的“库姆孜弹唱”、锡伯族的“西迁节”等，其中，新疆维吾尔族的“十二木卡姆”、蒙古族的《江格尔》、柯尔克孜族的《玛纳斯》等都被列入国家级非物质文化名录；在饮食方面，有抓饭、拉面、烤包子、油塔子、烤羊肉、烤馕等民族特色饮食；在民族节庆方面有哈萨克族、维吾尔族等民族的古尔邦节、肉孜节，蒙古族的那达慕大会，锡伯族的西迁节和抹黑节等；特色民居方面有维吾尔、锡伯族院落式的土木或砖木结构民居，哈萨克族、蒙古族、柯尔克孜族弯庐式帐篷、毡房等。此外，新疆还拥有颇具民族特色的手工艺品和工艺美术品，如极具浓郁民族特色的刺绣，色泽艳丽、五彩缤纷、种类繁多的少数民族传统服饰，以质地润滑、细腻享誉国内外的和田玉等。

（三）悠久的丝路文化

新疆边境地区有许多历史悠久的古丝绸之路遗址遗迹，如霍城县的惠远古城、交河故城、博乐市的达勒特古城遗址以及和田地区的麻扎塔格古城堡等均闻名于世，叶城县境内有各个时期的古文化遗址30多处，丝绸古道塔什库尔干蕴藏着丰富的历史文化；有意大利探险家马可·波罗、我国唐代高僧足迹遗迹，有古丝绸之路上最大的驿站——世界四大古石头城遗址之一的葱岭石头城。同时，新疆还有保护完好的古墓，如南疆的香妃墓、阿曼尼沙汗墓，北疆伊犁的乌孙人墓等都是悠久历史文化的见证。丝路重镇喀什，自古便是丝绸之路的交通枢纽，也是多种文化交往交流交融的舞台，是中国与中亚、西亚、欧洲之间的重要贸易中心，有着众多的清真寺、古刹和宗教文化遗产。尤其是文化底蕴深厚的喀什古城，既有浓厚的历史文化氛围，又有古代建筑艺术的精华。

（四）独特的边关口岸文化

因与众多国家接壤，边境口岸众多，新疆形成了独特的国门文化、边防文化和边关文化，以及因与周边国家长期交往交流而形成的以边民互市、边境经济合作区、中哈霍尔果斯国际边境合作中心为载体的边贸文化。独特的边关文化为国内外游客提供了不一样的体验。

第二节　边境旅游投入与市场开发

新疆边境旅游起步较晚，但发展较快。目前，新疆主要边境旅游地（州、市）已经形成“吃、住、行、游、购、娱”六要素齐全的旅游产业体系。旅游产品也由过去单纯的观光、购物式旅游向休闲、体验式旅游方向发展，逐步形成了休闲度假、民俗体验、文化交流、特色旅游、边境旅游、商务旅游等较为完整的旅游产品体系；旅游产业竞争力与国内其他发达地区相比存在一定的差距，但纵向比较，无论是市场规模、产业规模，还是政府部门和对口援疆的投入都在逐年增加，新疆旅游业的竞争力也在不断提升。

近年来新疆边境地区围绕“一带一路”倡议，以“把新疆建设成为丝绸之路经济带旅游集散中心、把南疆建设成为丝绸之路文化和民族风情旅游目的地”为总目标，打造新产品、开发新线路、培育新业态，推进旅游供给侧结构性改革，创新旅游管理机制体制，着力把新疆旅游业打造成为具有新疆特色的现代服务业和稳疆富民产业，为维护新疆社会稳定和长治久安作出更大贡献。

经过数十年的发展，新疆旅游业软硬件建设不断加强，产业体系不断完善，旅游业已经形成了一定的产业规模。到2019年年底，新疆有星级宾馆368家，其中五星级13家，客房45819间，床位76334张；旅行社611家，S级以上滑雪场36家，星级以上农家乐1700多家，各类景点1000余处，居全国首位。开发了“新疆礼物”系列产品，打造“新疆礼物”品牌效应，旅游商品开发和体系建设逐步完善。旅游业直接从业人数超过30万人，带动间接就业人数超过150万人。

一、旅游发展投入

（一）旅游基础设施和项目建设

“十三五”期间，新疆维吾尔自治区发改委累计落实中央预算内投资13.23亿元，支持全疆171个旅游景区项目建设，项目覆盖南疆所有县市及北疆部分县市。仅2018—2019年，自治区就撬动社会资本28.78亿元投入旅游基础设施建设，同时，为平衡南北疆旅游项目资金需求，推进全区旅游基础设施总体改善，自治区安排预算内资金1.1亿元，实施了阿勒泰地区喀纳斯景区、博尔塔拉蒙古自治州温泉县圣泉景区等29个旅游基础设施建设项目[①]。“十三五”期间，自治区还投入专门资金进行旅游厕所建设，在全区A级旅游景区新建及改扩建旅游厕所464座；开发了自驾车营地、房车旅游、温泉度假、沙漠特种、健康养生等旅游新业态项目建设。

项目的实施，不仅完善了景区的交通、住宿、旅游公厕等各类公共服务设施，统筹解决了制约旅游业发展的“三难一不畅”（停车难、加油难、如厕难、通信信号不畅）问题，打通了旅游发展“最后一公里”的瓶颈，提升了旅游品牌影响力，扩大了旅游景点知名度，形成了旅游线路大串联，为游客提供了更好更便捷的服务。

中亚风情街于2018年9月破土动工，位于霍尔果斯市亚欧北路与兰新路交会路口处，总占地56727.24平方米，建筑面积106078.84平方米，项目规划商业六大板块，主要有旅游购物、酒吧娱乐、特色风情餐饮美食、酒店办公、文化演艺及本地城市配套商业，满足消费者及游客的吃、住、行、游、购、娱，已成为霍尔果斯的一张旅游名片。

① 见新疆维吾尔自治区文化和旅游厅官网，网址为：https：//www.mct.gov.cn/whzx/qgwhxxlb/xj/202005/t20200512_853274.htm.

如霍尔果斯口岸积极促成中国霍尔果斯金边旅游开发有限公司与哈萨克斯坦NRG+ST有限责任公司的合作，共同投资开发边境旅游和哈萨克斯坦传统民族旅游项目。该项目占地面积50000平方米，哈方区域有全天开放的旅游购物区，上架货物为哈方民间特色美食及手工艺品，中方区域有市场型旅游购物经营户40余家和精品示范店8家，主要经营内容为地方产品、小型家电百货、各类工艺品等。同时，广泛开展少数民族歌舞表演、魔术、杂技等，大大提升了霍尔果斯边境旅游的整体水平和文化旅游层次，对发展霍尔果斯边境特色游和合作中心经济产生了重要的推动作用。

（二）旅游公共服务建设

1. 公共文化基础设施建设

近年来，新疆边境地区按照党中央和自治区党委、政府的要求和工作部署，开展了“文化信息资源共享工程”、“基层电子阅览室”、地市级三馆建设等文化设施项目建设，边境地区的文化设施建设取得长足发展，公共文化基础设施建设得到了显著提升。

截至2020年年底，新疆共建有各级各类公共图书馆107个，文化馆119个，美术馆55个，博物馆81个，艺术表演场所11个，艺术表演团体95个，乡镇综合文化站1121个，村级综合性文化服务中心11297个①。

新疆艺术中心、昌吉州“四馆一场一院”、阿克苏地区“三馆一院”、博州文化艺术中心、伊犁州“四馆一院”、塔城地区文化艺术中心、和田地区文化艺术中心、吐鲁番市“两馆一院”等一批文化艺术惠民工程建成运行。地县两级公共文化场馆设施建设得到显著改善，区、地（州、市）、县、乡、村五级现代公共文化服务体系基本建成，为提升边境地区公共文化服务质量和水平创造了条件。

2. 旅游公共交通

党的十八大以来，新疆加大交通基础设施建设力度，所有地（州、

① 数据来自2021年新疆统计年鉴。

市）迈入高速公路时代，所有县市实现二级公路连通，全疆所有乡镇及具备条件的建制村通了硬化路，南北疆之间、进出疆、进出境交通更加便利，有力地支撑了丝绸之路经济带核心区建设。四通八达的交通，使处于国家交通网络“末端”的新疆逐步转变为亚欧交通枢纽中心，推动了丝绸之路经济带交通枢纽中心的形成。

（1）区内航空、铁路、公路等基础设施建设

“十三五”时期，新疆交通基础设施建设取得巨大成就，全区新增高速公路里程1233公里，总里程突破5500公里，新疆公路总里程超过20万公里；航线网络发展取得长足进步，国内航线数量由163条增加到276条，通航点数增加25条，开通国际及地区客运航线共26条，民航已形成以乌鲁木齐为中心，连接国内82个大中城市和国外32个城市的空运网，“东联西出北通”的主干骨架初具雏形；铁路客运快速网络进一步完善，兰新高铁实现乌鲁木齐与兰州12小时通达，乌鲁木齐往来石河子、奎屯等北疆地区的“北疆之星”列车、乌鲁木齐往返库尔勒的“南疆之星”城际列车已开通运行，形成了以兰新铁路为主干，南到和田，西到霍尔果斯、阿拉山口，东到哈密的铁路运输网。

（2）国际通道建设

通过边境陆路口岸，新疆与周边国家开通公路出入境运输线路100多条，居全国首位。常年开放的公路口岸基本通达二级公路，与周边国家开通双边国际道路运输线路118条，占全国总数的三分之一。与哈萨克斯坦、吉尔吉斯斯坦、塔吉克斯坦、巴基斯坦、蒙古等国家开通了国际运输双边合作，初步形成以重点城市为中心、边境口岸为节点、覆盖沿边地区并向周边国家辐射的国际道路运输网络以及西出中亚、西亚各国，北达蒙古的干线公路交通网。在国际运输通道建设上，第二座亚欧大陆桥已成为连接内地、沟通亚欧的铁路运输干线，客货运输可直达阿拉木图、莫斯科和欧洲等地。以乌鲁木齐为中心，连接内地，辐射中亚、西亚，集公路、铁路、航空和管道四位一体的便捷安全立体交通网络已初步形成。

便捷的交通为游客提供了多种出游方式，有效推进了新疆旅游经济发

展，随着中巴铁路、中吉乌铁路的建成通车，新疆联通东西、沟通南北的枢纽作用将更加突出。

二、旅游市场开发

（一）旅游市场营销

新疆维吾尔自治区文旅部门抓住一切机遇积极开拓国内外市场。对国内市场，针对长三角、珠三角、环渤海等主要客源市场开展了多层面、多渠道、多视角的宣传促销活动，全力打造新疆稳定和谐的社会形象；对西北地区，以西北旅游协作会议为契机，推动中国西北省区与周边国家共同打造“丝绸之路经济带”旅游区域合作联盟；对港澳台市场方面，以创新形成宣传合作平台为基础，展开了招揽游客的创新宣传营销策略，在加强客源互送、新开航线等方面达成了协议并取得实效。针对国外市场，一是不断开拓穆斯林国际旅游市场，为西亚、东南亚等国家旅游业界与新疆旅游业界搭建合作平台，促进穆斯林旅游市场成为新疆入境游新的增长点。二是借助举办中国 — 亚欧博览会，发挥东引西出、向西开放的地缘优势，宣传新疆的文化、旅游、经贸，促进新疆与我国东部以及境外中亚、西亚、南亚和欧洲国家的经济交流与合作。三是充分发挥中哈霍尔果斯国际边境合作中心的平台聚集效应，形成“以商带游，以游促商”的良好局面，不断整合境内外旅游资源，进一步加强与哈萨克斯坦在旅游方面的交流合作，积极推进中哈霍尔果斯边境国际合作中心兴建集吃、住、购、娱于一体的旅游综合体。

充分发挥旅游节庆效应，以市场为导向，通过中国新疆国际旅游节、中国西部冰雪旅游节暨新疆冬季旅游产业交易博览会、中国国际旅游商品博览会、中国新疆国际旅游摄影节、中国新疆国际特种旅游文化节等办节模式，进行旅游宣传活动。各边境地（州、市）根据自身特色，因地制宜地开展文旅活动，伊犁州以草原作为主要阵地，举办新疆那拉提草原文化旅游节、第十一届薰衣草国际旅游节；阿克苏地区将“电音节”作为旅游发展新业态，开展游沙雅之“燃爆沙雅·金色电音节”；阿勒泰地区以观赏和自驾游活动作为文旅融合新方式，举办G219中国最美边境风景自驾活动、萨吾尔风筝节、草原石城山花摄影旅游节等，吸引国内外游客来新疆旅游，扩大新疆影响力。

（二）旅游市场拓展

1. 多种方式开展对外文化交流

新疆是中华文明向西开放的重要门户，是丝绸之路必经之地和东西方文明交流汇聚的黄金通道，具有推进对外交流合作得天独厚的人文条件。近年来新疆通过“中国新疆国际民族舞蹈节”“中外文化展示周”“新疆当代艺术双年展”等对外文化交流平台，拓展边境旅游等文化交流的途径和方式，打造文化品牌；通过“中国新疆古代丝绸之路文物展”“丝路奥秘——新疆文物大展”，展示新疆文化独特魅力，开展对外文化交流，增强旅游文化内涵，推进“丝绸之路经济带”核心区建设，提高旅游吸引力。

此外，新疆还先后选送文物远赴比利时、意大利、韩国、日本、美国和中国港澳台等10多个国家和地区举办了丝绸之路展、秦汉－罗马文明展、丝绸之路大文明展、丝路奥秘——新疆文物展等展览活动，展现新疆悠久的历史文明。2011年以来，新疆地区相继举办“中国·新疆·克孜勒苏玛纳斯论坛”和“中国新疆新源阿依特斯论坛”等国际学术交流活动，通过学术交流活动向与会国家展示新疆非物质文化遗产的瑰宝，弘扬新疆传统文化禀赋。新疆维吾尔自治区文化和旅游厅与中国文物交流中心还通过开展文物展览“走出去”“引进来”等方式整合资源、优势互补，在文物展览、文物旅游、文博创意、业务培训等方面开展合作。

新疆凭借着邻近中亚地区的地理优势和丰富的医疗资源，为周边国家的患者提供医疗救助，“医＋旅”消费模式的旅游者数量逐年递增，并借此推进国际医疗合作的发展。

笔者在2016年赴新疆霍尔果斯口岸调研时，相关负责人曾表示：计划在霍尔果斯建立一个国医馆，也有客商愿意投资。曾向领导建议建立中哈医疗合作中心，也可以在此召开学术性会议。

“我们在合作中心准备建立中亚风情一条街，建立科技文化体育合一的项目。这些是我们为了未来能够举办国际赛事做出的一个基本投入。希望以后能够举办一些国际体育赛事、艺术演出，实现文化的交流、交融，使霍尔果斯发挥国际交流功能。”

由九芝堂美科（北京）细胞技术有限公司与哈萨克斯坦LLP“ALTACO-XXI”公司合作共同建立的九芝堂-ALTACO国际医疗中心，于2019年9月在中哈合作中心正式投入使用；中亚风情街位于霍尔果斯市亚欧北路与兰新路交会路口处，占地56727.24平方米，建筑面积106078.84平方米，已成为霍尔果斯的一张旅游名片。项目由兰新路、天山路、炎黄路、亚欧北路围合而成，四面临街，与霍尔果斯4A级景区国门及中哈自贸合作区毗邻，中亚风情街项目是霍尔果斯的“打造一条汉唐风格、中亚风情特色餐饮街区”项目。

2. 跨境旅游合作

借助“一带一路”倡议，新疆以各边境口岸为依托，积极开展与俄罗斯、哈萨克斯坦、蒙古等国家的旅游交流合作。2016年以来，新疆陆续推出了“穿越天山廊道，探秘世界遗产”中哈吉跨境自驾游、“驾越帕米尔高原，走进云中之国”中塔跨境自驾游、“中俄哈蒙，四国六方”环阿尔泰山跨境游等优质跨境旅游线路，途经俄罗斯、哈萨克斯坦、吉尔吉斯斯坦、塔吉克斯坦、蒙古国等古丝绸之路沿线国家，涵盖了“天山廊道”世界文化遗产、帕米尔高原以及阿尔泰山沿线的自然风光、人文景观、丝路遗址、城市风貌等旅游资源，填补了国内其他地区与中亚各国跨境自驾游产品的空白，为新疆打造世界级自驾游品牌奠定了基础。

此外，新疆还依托边境口岸城市积极推进边境旅游试验区和以旅游为主导，以特色边贸购物、边境口岸观光、异国风情体验为主要功能的跨境旅游合作区建设，加强与周边国家的旅游服务贸易，增进与周边国家的人文交流，推进丝绸之路经济带核心区和国际通道建设，促进沿边地区经济社会快速发展。

3. 旅游商品开发

旅游商品作为旅游的衍生物，凸显着一个地方的地域文化特色。新疆的人文资源具有不可替代性的特点。各地（州、市）不断加大对旅游商品的研发和建设力度，将旅游商品作为延伸产业链、扩大产业规模的重要一环，形成了一批富有地域特色、深受游客欢迎的知名旅游商品（见表3–3）。“新疆礼物”是新疆着力打造的旅游纪念品综合品牌。2020年12月，“新疆礼物”运营管理工作正式开展，并成立了“新疆礼物”专家认证委员会，制定了“新疆礼物”产品准入标准和管理办法，开展了“新疆礼物”运营推介，以促进新疆旅游商品提质增效，为推动新疆文化和旅游产业高质量发展发挥积极作用。

表3–3　新疆旅游商品

主类	亚类	代表性资源
旅游纪念品	地毯	纯毛挂毯、纯毛地毯、工艺毯等
	小刀	英吉沙小刀、莎车买买提折刀、焉耆陈正套刀、伊犁沙木萨克折刀等
	玉石工艺品	和田玉、羊脂玉、玛纳斯碧玉、玛瑙、阿勒泰宝石等
	民族乐器	热瓦甫、都塔尔、胡西塔尔、弹拨尔、冬不拉、萨塔尔、卡龙、苏奈、艾介克、达朴、纳格拉、霍布孜等
旅游纪念品	民族服饰	维吾尔族小花帽、白毡帽、哈萨克族绣花帽、艾得来丝绸等
	雕刻类工艺品	玉雕、木雕、牛羊骨雕、花葫芦雕等
	地方文化旅游商品	小挂件、木经文钟、褡裢、手工艺盘子、酒囊、马鞭等，民族音乐、民族舞蹈的音像作品和影视作品等
	传统手工艺品	察纳、羊毛毡、哈姆齐、土陶、吐哈齐苏普、骨雕、新疆刺绣等

续表

主类	亚类	代表性资源
旅游土特产品	珍贵药材	雪莲、灵芝、鹿鞭、鹿茸、鹿筋、红花、肉苁蓉、枸杞、冬虫夏草、罗布麻等
	绿色农产品	烤全羊、风干牛羊肉、熏马肠、细毛羊、奶制品等
	干鲜瓜果	哈密瓜、无花果、巴旦木、葡萄干、杏干、杏仁、红枣、哈密瓜脯、开心果、哈密瓜干、野生乌梅、巴旦杏、和田核桃等
工业产品	化妆产品	天然乌斯玛草、雪莲、红花、斯亚旦等为主要原料的奥斯曼化妆品系列以及薰衣草精油系列等
	饮品产品	石榴汁、胡萝卜汁、石榴酒、桑葚酒、马奶酒、伊力特酒、雪莲红花补酒、雪莲灵芝补酒等

注：根据相关文献资料整理

第四章　新疆入境旅游的时空特征与需求分析

入境旅游是新疆旅游业的重要组成部分，发展入境旅游，对于增进各国人民的了解与友好往来，构建睦邻友好的和谐边疆具有重要意义。旅游客源市场是发展入境旅游的关键因素，研究新疆旅游客源地空间结构变化、需求特征及旅游客流的动态空间分布，对于拓展新疆入境客源市场空间，整合旅游资源和旅游高质量发展具有重要的意义。此外，边境地区的入境旅游还与国家间口岸开放情况、边境治理水平以及跨境经济合作与文化交流等相辅相成。本章以2006—2019年新疆15个地（州、市）的入境旅游人次和入境游客流方向为基础数据，统计分析各地（州、市）入境旅游流的时空演变特征及影响因素，为新疆科学合理地制定旅游发展战略提供参考。

第一节 入境旅游市场特征

一、数据来源与数据处理

本节所使用数据来源于新疆统计年鉴、旅游抽样调查资料以及新疆15个地（州、市）的统计年鉴及旅游部门官方网站等。根据我国旅游统计规定，一般将入境游客分为外国游客和港澳台同胞。其中，外国游客按照区域又分为亚洲、欧洲、北美洲、大洋洲和非洲。在亚洲客源市场中，由于2011年以前对哈萨克斯坦的入疆游客没有单独统计，被列入亚洲“其他”国家，考虑到哈萨克斯坦是新疆的主要客源地，因此，2011年以前哈萨克斯坦的游客数据以亚洲“其他”国家代替。在对欧洲客源市场的数据处理中也有类似情况，在新疆统计年鉴中没有单独的俄罗斯客源数据，只有独联体（欧洲部分），由于独联体（欧洲部分）的入疆游客以俄罗斯游客为主，且俄罗斯是新疆的主要客源地之一，在此以独联体（欧洲部分）代替俄罗斯。

二、入境旅游客源地时空变化特征

（一）入境客源市场年际变化

一个地区对游客的吸引力不仅受其自身旅游资源和地理位置的影响，还受游客类型、周边市场变化、交通条件等因素的影响。在此，本研究按客源地与新疆的地理距离将客源市场分为近程市场和远程市场。其中，近程市场包括独联体、巴基斯坦、蒙古国、印度、日本、韩国、印尼、泰国以及中国港澳台地区等；远程市场包括欧洲的英国、法国、德国、意大利、西班牙、瑞士和瑞典，北美洲的美国、加拿大，大洋洲的澳大利亚、新西兰，亚洲的马来西亚、新加坡等。

根据我国旅游统计规定，一般将入境游客分为外国游客和港澳台同胞。如上所述，外国游客按照区域又分为亚洲、欧洲、北美洲、大洋洲和非洲。在此，本研究选取2006—2019年新疆入境旅游数据对客源市场进行分析。在新疆入境游客中，外国人占绝对优势，从2007年以来占比一直在90%以上；中国港澳台地区同胞所占比重较低，14年间占新疆入境游客的市场平均份额仅为6.7%（见表4–1）。

表4–1　2006—2019年新疆入境游客区域结构变化趋势

年份	亚洲市场	欧洲市场	北美洲市场	大洋洲市场	非洲市场	中国港澳台市场	其他
2006	29.0	50.5	4.2	1.2	0.07	13.4	1.4
2007	30.2	56.4	3.2	1.1	0.08	8.2	0.86
2008	40.9	42.7	4.3	1.5	0.12	9.8	0.75
2009	33.8	45.9	6.7	2.0	0.21	10.3	1.03
2010	54.1	34.3	4.0	1.4	0.11	5.2	0.87
2011	72.3	18.0	3.0	0.7	0.06	5.7	0.36
2012	69.5	17.5	2.8	1.0	0.05	9.0	0.33
2013	72.6	17.8	2.7	1.0	0.05	5.6	0.28
2014	81.2	13.1	0.9	0.6	0.04	4.2	0.05
2015	85.1	8.5	1.1	0.7	0.12	4.3	0.21
2016	83.9	9.8	0.47	0.22	0.5	3.9	9.47
2017	85.1	7.9	1.0	0.6	0.8	4.3	6.88
2018	86.2	7.5	0.9	0.5	0.03	5.2	0.18
2019	87.5	5.9	1.2	0.6	0.03	5.0	0.34
平均	65.3	24.0	2.58	0.93	0.16	6.7	0.48

注：表中数据根据新疆统计部门2006—2019数据计算得出；单位均为%

从新疆入境客源市场的年际变化情况来看（见图4–1），可以分成两个时段，第一个时段是2006—2009年，在此期间，欧洲客源市场的份额最高，4年间市场占比分别为50.5%、56.4%、42.7%和45.9%，可以看出，几乎一半的客源来自欧洲，但2008年和2009年均出现下降趋势。其次是亚洲市场，同时期市场份额分别为29%、30.2%、40.9%和33.8%，占新疆客源量的三分之一左右。第三是中国港澳台市场，4年间占比分别为13.4%、8.2%、9.8%和10.3%。北美洲和大洋洲市场相对份额呈小幅上升趋势，平均占比分别为4.5%和1.5%；非洲市场占比很小，年均仅只占0.1%左右。第二个时段为2010—2019年，从2010年开始，亚洲游客大幅增长，远超欧洲，市场占比从2010年的54.1%增长为2019年的87.5%，成为新疆入境旅游的主要客源市场。与此同时，其他客源市场占比均逐年下降，其中欧洲市场下降最为明显，10年间市场份额由34.3%下降到5.9%；中国港澳台地区占比也由2006年的13.4%降为5%，北美洲和大洋洲10年间平均占比分别下降为1.2%和0.6%。

从14年来新疆入境客源市场总体情况来看，新疆入境旅游的主要客源集中在亚洲、欧洲和北美洲，占新疆入境游客的90%以上。其中亚洲市场平均占比居绝对优势地位。

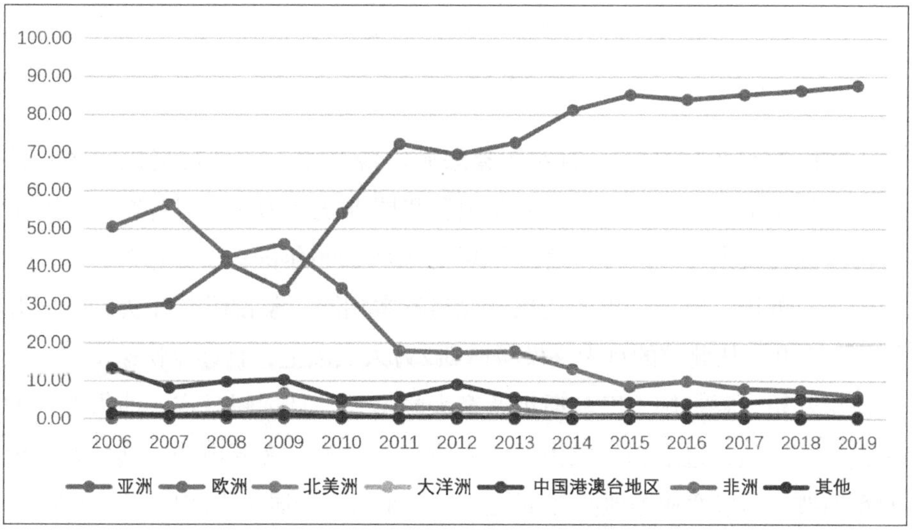

图4–1 2006—2019年以洲际划分的新疆入境旅游客源市场空间结构变化趋势

注：纵轴单位为%

总体来看（见图4–2），2006—2019年新疆入境旅游人次呈波动上升趋势，其中2008年和2009年分别受金融危机和社会安全问题影响，入境旅游人次出现了下降。从2010年开始呈现了飞跃式增长，2014年受“7·28事件”影响，入境人次出现小幅下降，2015年开始恢复快速上升的发展态势，2019年出现下降。

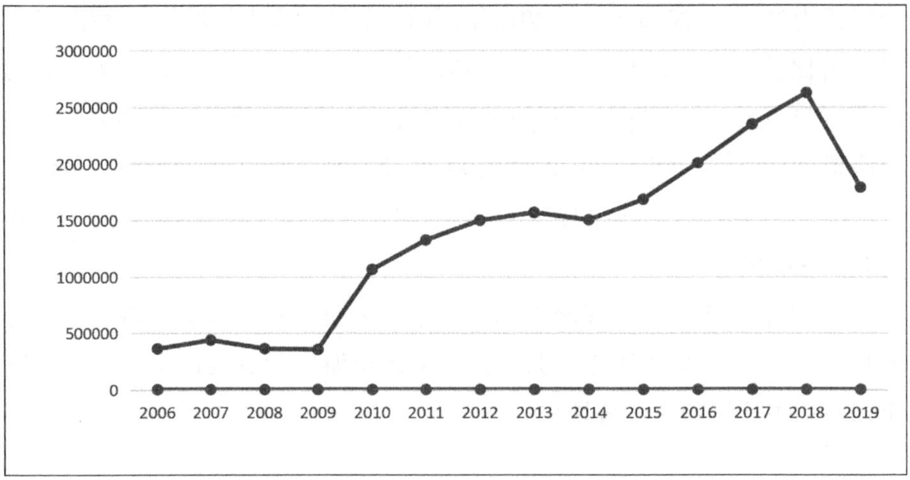

图4–2　2006—2019年新疆入境旅游人次变化趋势

注：纵轴单位为人次

在以洲际为划分指标的入新疆旅游客源地中，亚洲市场以日本、韩国、巴基斯坦、蒙古国、哈萨克斯坦和我国港澳台为主，但各客源地的市场份额变化较大，如日本游客的市场份额从2006年的9.32%下降至2019年的0.9%，韩国、巴基斯坦的变化情况与日本相同，蒙古国游客从2008年开始显著上升，从此前的百人规模激增到2万人次以上，且逐年快速增长。从2010年开始，蒙古国、巴基斯坦游客大幅增长，且远超日本，使得亚洲的客源市场份额超过欧洲，成为新疆入境旅游的第一客源市场。其他客源地如新加坡、马来西亚等地游客量相近，在亚洲市场居于中间位次，而印度、印度尼西亚、泰国游客较少，市场占有率较低（见图4–3、表4–2）。

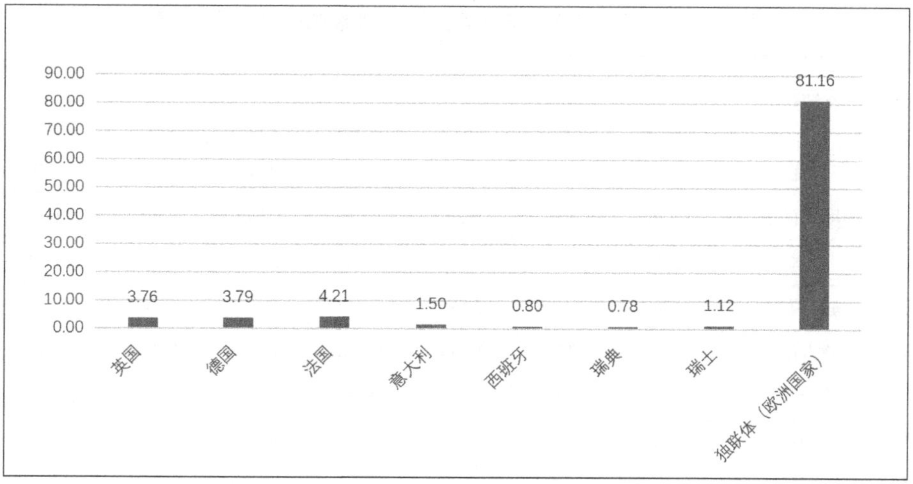

图4–3　2006—2019年欧洲主要客源地入疆游客在欧洲市场入疆游客的占比

注：纵横单位为%

进一步分析可知，欧洲市场以独联体（欧洲部分）国家为主，占欧洲游客总数的80%以上；其次为法国、德国、英国及意大利、瑞士、西班牙、瑞典等发达国家。从欧洲市场看，14年间各客源地游客量的相对比重比较平稳，变化较小。

北美市场以美国和加拿大为主，除个别年份外美国位于首位，为新疆入境旅游主要客源地。大洋洲入疆游客所占比重较低，年均0.8%左右，主要客源地为澳大利亚和新西兰。北美是世界上旅游业最发达地区之一，但由于与新疆距离遥远，来疆旅游途中时间长，旅费开支大，因此吸引的游客量有限且主要是美国游客。大洋洲市场与北美市场相似。

中国港澳台市场以香港和台湾游客为主，其中台湾游客量最多，并在近10年来保持波动性增长态势，但2006—2009年小幅下降，2009—2012年、2016—2018年大幅上升，而2012—2014年、2018—2019年下降较为明显（见图4–4）。

表4-2 2006—2019年新疆入境旅游客源地及人员/人次

客源地	年份						
	2006	2007	2008	2009	2010	2011	2012
印度	329	211	216	2940	4319	1310	1230
印度尼西亚	726	806	523	1530	2194	949	1417
日本	33775	25449	12842	14722	32629	28085	26992
马来西亚	3384	3428	2456	2787	3950	5257	11930
蒙古国	218	223	21644	13330	59052	41246	62303
菲律宾	303	298	195	976	1346	321	536
新加坡	4211	3753	3267	4188	6269	6992	10331
韩国	11072	11340	9815	9358	13613	17841	23768
泰国	969	1384	3355	4119	4613	3108	3539
巴基斯坦	20755	9190	7797	8739	35340	41325	43997
哈萨克斯坦	/	/	/	/	/	769873	813385
其他	29486	76518	86475	57304	412987	41223	41457
亚洲小计	105228	132600	148585	119993	576312	957530	1041182
非洲小计	240	362	452	762	1141	765	816
英国	3679	3129	4112	11715	18289	8788	10348
德国	4657	6083	6163	6124	10540	7412	9098
法国	6476	7819	6466	6529	10818	10197	12671
意大利	2065	1879	1122	2872	5599	2619	4028
西班牙	618	806	1103	1898	3709	1420	1885
瑞典	316	541	543	2994	5573	1529	1599
瑞士	1042	1286	1817	3577	6505	2189	2750
独联体（欧洲国家）	154182	217149	120311	122672	296076	197531	212420
其他	10169	8580	13255	4585	8745	6505	5896
欧洲小计	183204	247272	154892	162966	365854	238190	261511
加拿大	3097	2508	2405	5182	8394	6880	9185
美国	10564	9907	11316	14755	27603	25965	29235
其他	1383	1485	1839	3887	6546	6252	2859

续表

客源地	年份						
	2006	2007	2008	2009	2010	2011	2012
北美洲小计	15044	13900	15560	23824	42543	39097	41297
澳大利亚	3539	3822	4412	3887	7875	6135	9730
新西兰	357	392	552	1474	3429	1438	3931
其他	408	554	507	1843	3823	1063	741
大洋洲小计	4304	4768	5471	7204	15127	8636	14402
其他小计	5081	3771	2728	3651	6317	4765	4892
中国香港	18204	11680	10005	13101	17111	21295	42994
中国澳门	919	638	606	2362	5395	5122	4168
中国台湾	30275	23445	24858	21032	32461	49589	87957
中国港澳台小计	48398	35763	35469	36495	54967	76006	135119
总计	362499	438436	363157	354895	1065261	1324989	1498385

表4-2（续表） 2006—2019年新疆入境旅游客源地及人员/人次

客源地	年份						
	2013	2014	2015	2016	2017	2018	2019
印度	1483	803	1161	276	605	261	1322
印度尼西亚	1746	771	921	246	803	534	4043
日本	24940	7013	6252	9670	13179	9959	15858
马来西亚	12576	8527	6167	6453	6320	4396	19487
蒙古国	70743	80353	110360	152622	90613	137072	136957
菲律宾	733	966	891	/	/	476	2043
新加坡	10452	5083	5365	263	694	1121	12524
韩国	25292	9072	7591	3286	3142	6964	8724
泰国	3605	1438	2574	11180	6806	992	7191
巴基斯坦	44133	5133	10297	394	1597	11097	8170
哈萨克斯坦	895513	1090080	1270305	13229	11744	2102202	1318941
其他	46612	9402	10612	1485334	1868018	6127	16571
亚洲小计	1137828	1218641	1432496	1693062	2013840	2281201	1551830

续表

客源地	年份						
	2013	2014	2015	2016	2017	2018	2019
非洲小计	854	625	1983	10109	18910	843	583
英国	10256	5385	6254	7671	9825	4680	5555
德国	11236	7045	8346	12515	10647	4540	6283
法国	12321	6836	8643	12696	13264	3444	4696
意大利	3618	1650	3795	7235	2434	2210	2644
西班牙	1840	773	2088	3124	1710	474	1733
瑞典	2483	1136	1747	2536	495	446	788
瑞士	2792	2645	2510	3168	857	408	1262
独联体（欧洲国家）	228291	167172	1375807	149713	143675	176947	77653
其他	5928	4530	4345	0	3568	5284	4777
欧洲小计	278765	197172	143230	198658	186475	195637	105391
加拿大	9352	3809	6856	6856	9471	3568	4811
美国	29746	6861	8045	8045	8808	5165	2981
其他	3003	2041	3571	3571	9683	16654	765
北美洲小计	42101	12711	18472	18472	27962	25387	8557
澳大利亚	10482	5542	2822	4375	1793	1523	6829
新西兰	4288	1879	2167	4663	7392	2361	1083
其他	709	960	6849	3315	2026	793	3072
大洋洲小计	15479	8381	11838	12353	11211	4677	10985
其他小计	4440	729	3516	6161	4288	1778	6444
中国香港	21133	14555	17248	19832	20406	28376	23205
中国澳门	6336	6192	7859	6412	6817	8868	3898
中国台湾	60347	42684	46908	52952	75334	99410	61779
中国港澳台小计	87816	63431	72015	79196	102557	136654	88882
总计	1567283	1501690	1683550	2005014	2348167	2626074	1787826

注：数据来源于新疆统计部门（2006—2019年）；哈萨克斯坦2011年以前的数据没有单独统计，在此表中用亚洲其他国家代替；菲律宾2016—2017年数据未统计

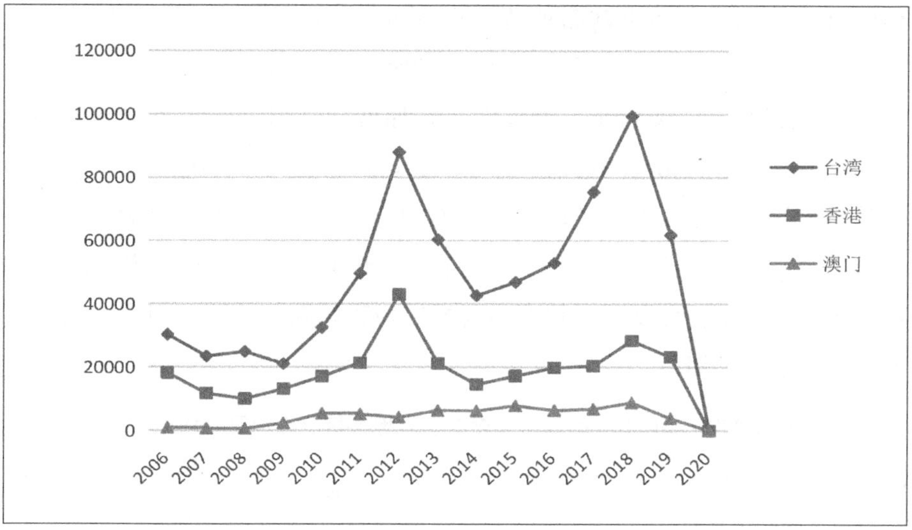

图4-4　2006—2020年新疆港澳台客源市场变化情况

注：纵轴单位为人次

从客源地的角度来看（见表4-3、表4-4），2006—2019年新疆入境游客增幅最大的是哈萨克斯坦，14年间市场平均占有率为51.68%，成为新疆第一大客源市场；其次是独联体（欧洲部分）、蒙古国和我国台湾地区，14年间市场平均占有率分别为19.89%、4.73%和4.6%。其原因一方面因哈萨克斯坦、独联体（欧洲部分）、蒙古国与我国新疆接壤，且双边具有开放口岸，具有地缘优势；另一方面，与近年来我国与周边国家睦邻友好的外交关系密切相关，中哈俄蒙边境旅游非常活跃，与哈俄蒙接壤的伊犁州、阿勒泰地区、塔城地区以及博州的边民互市贸易、边境旅游和人文交流等活动日益频繁；近年来伊宁边境经济合作区、博乐边境经济合作区、塔城边境经济合作区和吉木乃边境经济合作区的设立，形成了以边境贸易带动边境旅游的良好格局，尤其是中哈霍尔果斯合作中心的建立，极大地促进了中哈两国的贸易和人员往来。

日本、韩国、美国和中国港澳同胞14年间市场平均占有率分别为2.48%、1.36%、1.66%和2.44%，是新疆入境旅游的重要客源市场，也是传统客源市场，新疆丰富而独特的自然景观、民族风情、文化风俗、宗教历史以及丝路古迹等对其产生较强的吸引力。再次是法国、德国、英国、澳大利亚、马来西亚、加拿大、新加坡、泰国，市场占有率分别为0.95%、0.83%、0.86%、0.56%、0.58%、0.6%、0.56%和0.39%，这些国家虽然市场份额小，但增长较快，发展较为稳定，具有开发潜力。最后是意大利、西班牙、瑞典、瑞士、新西兰、印度等国，这些国家市场规模小，占比都在0.33%以下，其中印度虽然与我国新疆接壤，但中印的边境旅游基本处于停滞状态。

表4-3　2006—2019年新疆入境旅游客源地接待总人次及平均市场占有率

序号	客源地	接待总人数/人次	平均市场占有率/%	序号	客源地	接待总人数/人次	平均市场占有率/%
1	印度	16569	0.14	14	法国	122892	0.95
2	印度尼西亚	17220	0.13	15	意大利	43781	0.33
3	日本	261597	2.48	16	西班牙	23186	0.18
4	马来西亚	97207	0.58	17	瑞典	22733	0.19
5	蒙古国	979759	4.73	18	瑞士	32815	0.27
6	菲律宾	9086	0.07	19	独联体（欧洲国家）	2194845	19.89
7	新加坡	74552	0.56	20	加拿大	85367	0.60
8	韩国	161103	1.36	21	美国	204044	1.66
9	泰国	54914	0.39	22	澳大利亚	94441	0.56
10	巴基斯坦	249791	1.90	23	新西兰	35409	0.21
11	哈萨克斯坦	8336559	51.68	24	中国香港、澳门	344792	2.44
12	英国	486824	0.86	25	中国台湾	709076	4.6
13	德国	110736	0.83				

数据来源：根据表4-2数据计算得出

表4-4　2006—2019年新疆客源地市场占有率变化趋势

客源地	年份													
	2006	2007	2008	2009	2010	2011	2012	2013	2014	2015	2016	2017	2018	2019
印度	0.09	0.05	0.06	0.83	0.41	0.10	0.08	0.09	0.05	0.07	0.02	0.03	0.01	0.07
印度尼西亚	0.20	0.18	0.14	0.43	0.21	0.07	0.09	0.11	0.05	0.05	0.01	0.04	0.02	0.23
日本	9.32	5.80	3.54	4.15	3.06	2.12	1.80	1.59	0.47	0.37	0.57	0.66	0.42	0.90
马来西亚	0.93	0.78	0.68	0.79	0.37	0.40	0.80	0.80	0.57	0.37	0.38	0.32	0.19	0.74
蒙古国	0.06	0.05	5.96	3.76	5.54	3.11	4.16	4.51	5.35	6.56	9.07	4.52	5.84	7.76
菲律宾	0.08	0.07	0.05	0.28	0.13	0.02	0.04	0.05	0.06	0.05	0.00	0.00	0.02	0.12
新加坡	1.16	0.86	0.90	1.18	0.59	0.53	0.69	0.67	0.34	0.32	0.02	0.03	0.05	0.71
韩国	3.05	2.59	2.70	2.64	1.28	1.35	1.59	1.61	0.60	0.45	0.20	0.16	0.30	0.49
泰国	0.27	0.32	0.92	1.16	0.43	0.23	0.24	0.23	0.10	0.15	0.66	0.34	0.04	0.41
巴基斯坦	5.73	2.10	2.15	2.46	3.32	3.12	2.94	2.82	0.34	0.61	0.02	0.08	0.47	0.46
哈萨克斯坦	8.13	17.45	23.81	16.15	38.77	58.10	54.28	57.14	72.59	75.45	70.23	78.17	78.53	74.70
英国	1.01	0.71	1.13	3.30	1.72	0.66	0.69	0.65	0.36	0.37	0.46	0.49	0.20	0.21
德国	1.28	1.39	1.70	1.73	0.99	0.56	0.61	0.72	0.47	0.50	0.74	0.53	0.19	0.24
法国	1.79	1.78	1.78	1.84	1.02	0.77	0.85	0.79	0.46	0.51	0.75	0.66	0.15	0.18
意大利	0.57	0.43	0.31	0.81	0.53	0.20	0.27	0.23	0.11	0.23	0.43	0.12	0.09	0.10
西班牙	0.17	0.18	0.30	0.53	0.35	0.11	0.13	0.12	0.05	0.12	0.19	0.09	0.02	0.07
瑞典	0.09	0.12	0.15	0.84	0.52	0.12	0.11	0.16	0.08	0.10	0.15	0.02	0.02	0.03
瑞士	0.29	0.29	0.50	1.01	0.61	0.17	0.18	0.18	0.18	0.15	0.19	0.04	0.02	0.05
独联体（欧洲国家）	42.53	49.53	33.13	34.57	27.79	14.91	14.18	14.57	11.13	8.17	8.89	7.17	7.54	4.40
加拿大	0.85	0.57	0.66	1.46	0.79	0.52	0.61	0.60	0.25	0.41	0.41	0.47	0.15	0.18
美国	2.91	2.26	3.12	4.16	2.59	1.96	1.95	1.90	0.46	0.48	0.48	0.44	0.22	0.27
澳大利亚	0.98	0.87	1.21	1.10	0.74	0.46	0.65	0.67	0.37	0.17	0.26	0.09	0.06	0.26
新西兰	0.10	0.09	0.15	0.42	0.32	0.11	0.26	0.27	0.13	0.13	0.28	0.37	0.10	0.17
中国香港	5.02	2.66	2.76	3.69	1.61	1.61	2.87	1.35	0.97	1.02	1.18	1.02	1.21	1.31

续表

客源地	年份													
	2006	2007	2008	2009	2010	2011	2012	2013	2014	2015	2016	2017	2018	2019
中国澳门	0.25	0.15	0.17	0.67	0.51	0.39	0.28	0.40	0.41	0.47	0.38	0.34	0.38	0.22
中国台湾	8.35	5.35	6.84	5.93	3.05	3.74	5.87	3.85	2.84	2.79	3.15	3.76	4.23	3.50

注：表中数据根据2006—2019年新疆统计部门数据计算得出。数据单位均为%

（二）入境客源地空间结构——地理集中指数

地理集中指数G通常被用来衡量游客或客源市场的集中程度，并以此研究旅游客源市场空间分布特征，其计算公式如下：

$$G = 100 \times \sqrt{\sum_{i=1}^{n} (\frac{X_i}{T})^2} \tag{1}$$

$$G_0 = 100 \times \sqrt{\frac{1}{N}} \tag{2}$$

式（1）中，第X_i为客源地的游客数量；T为旅游地接待游客的总量；n为客源地总数。G值的大小反映了旅游目的地客源的空间“分散—集中”状态。G值越接近100，表明游客来源的空间集中程度越高，说明游客来源于少数几个地方，旅游经营稳定性越差；G值越小，客源地空间分布越分散，说明客源地市场来源相对广阔，旅游经营稳定性较好。但如果过于分散，则不利于主体客源市场的确定和制定市场营销战略，因此，G值适中为最好。式（2）中，G_0为最稳定的地理集中指数，N为主要客源地的数量。

根据地理集中指数公式对新疆2006—2019年24个客源地地理集中指数进行计算，可得出表4–5的数据。14年间新疆入境旅游地理集中指数平均值为62，最稳定的地理集中指数G_0为28.88。新疆入境旅游地理集中指数较高，表明新疆入境游客来源地比较集中。从2006—2019年G值的变化情况来看，新疆入境旅游地理集中度呈现波动性增长，且近年来呈现出总体越来越高的态势，表明新疆入境旅游市场越来越集中于某几个客源地，空间上有聚集趋势，入境旅游市场稳定性较弱，不利于其健康可持续发展。地缘政治、经济等多种不确定因素易对新疆入境旅游业产生影响，增加新疆入境旅游的不稳定性和脆弱性。

表4-5　2006—2019年新疆主要入境旅游者地理集中指数

年份	2006	2007	2008	2009	2010	2011	2012	2013	2014	2015	2016	2017	2018	2019	平均
指数	46	53	42	40	49	60	57	59	74	76	71	79	79	75	62

从14年来新疆入境客源地空间结构的变化情况来看，新疆入境客源地结构具有明显的区域集中性和相对分散性，即以近邻国家和地区为主要客源地，表现为以哈萨克斯坦、独联体（欧洲部分）、蒙古国等邻国和我国港澳台地区为主，其市场份额高达80%以上；以日本、韩国、新加坡、美国、英国、德国、法国、澳大利亚等分散性地区为辅。集中性得益于地缘优势和边贸往来，使得客源市场高度集中，抑制了其他机会市场的发展①。因此，应增加客源市场的分散性，以提高新疆入境旅游业的经营稳定性，提升美国、加拿大、英国、德国、法国、澳大利亚以及日本、韩国、新加坡等传统客源地的市场份额，这些国家经济发达、出游率高、人均花费水平高，具有较大的开发潜力。

三、入境游客的流向特征

（一）目的地区域结构

从新疆入境游客的流向来看（见表4-6），入境旅游目的地中，北疆平均占了85.77%；南疆和东疆平均分别占7.07%和7.37%，区域差距较大。相比较而言，北疆地区经济相对发达，自然条件好，交通较为便利，社会稳定；而南疆自然条件较为恶劣，经济基础较薄弱，基础设施建设起步晚，旅途远，交通费用高，尤其是受安全事件的影响较大。从近14

① 王晶，杨宝仁，何超. 新疆入境旅游市场波动周期及结构演化分析[J]. 塔里木大学学报，2014，26（2）：64-73.

年来入境游客的流量可以看出，自2009年以后，南疆和东疆地区的入境游客市场份额呈现逐年下降趋势，分别由2006年的12.2%和14.4%下降为2015年的2.9%和2.3%；2016—2019年，东疆地区入境游客逐年上升，南疆地区入境游客市场份额波动上升。由此可见，除了经济因素、旅游基础设施等原因外，安全因素是影响入境游客选择目的地的重要原因之一。

表4-6　新疆入境游客目的地区域结构

年度	2006	2007	2008	2009	2010	2011	2012	2013	2014	2015	2016	2017	2018	2019	平均
北疆	76.4	73.5	76.1	71	82.5	85.4	87.2	92	94.2	94.8	93.3	91.9	93.0	89.5	85.77
南疆	12.2	12	12.3	11.6	8.9	8.1	7.2	5.1	3.5	2.9	4.2	5.5	2.0	3.5	7.07
东疆	14.4	14.5	11.6	17.4	8.6	6.5	5.6	2.9	2.3	2.3	2.4	2.6	5.0	7.1	7.37

注：北疆包括乌鲁木齐市、克拉玛依市、石河子市、昌吉州、伊犁州直属县（市）、塔城地区、阿勒泰地区和博州；南疆包括巴州、阿克苏地区、克州、喀什地区、和田地区；东疆包括哈密市和吐鲁番市。表中数据单位均为%

从2006—2019年新疆入境游客流量来看（见图4-5），入境游客流向最多的是伊犁州和乌鲁木齐市，2006—2020年平均市场占有率分别是43.71%和28.36%，集中了70%以上的入境游客；其次是阿勒泰地区、吐鲁番市和喀什地区，平均市场占有率分别为7.80%、4.76%和3.31%，约占15%的入境游客。其他旅游目的地接待入境游客较少，如克拉玛依、石河子、昌吉、阿克苏以及克州等。乌鲁木齐市、伊犁州、吐鲁番市、喀什地区、阿勒泰地区凭借资源优势、区位优势、口岸优势等以及相对完备的基础配套设施等吸引了90%左右的来疆入境游客。其中，伊犁州凭借那拉提、唐布拉大草原等伊犁河谷生态旅游自然风光和霍尔果斯口岸的中哈国际边境合作中心等优势，吐鲁番市以其深远的历史文化、丝路文化，以及葡萄沟、火焰山、坎儿井等知名旅游景区，喀什地区以其浓郁的维吾尔风情、历史文化及其边境特色等优势，在新疆入境旅游市场中均占有一定的份额，并成为新疆入境旅游的主要目的地。

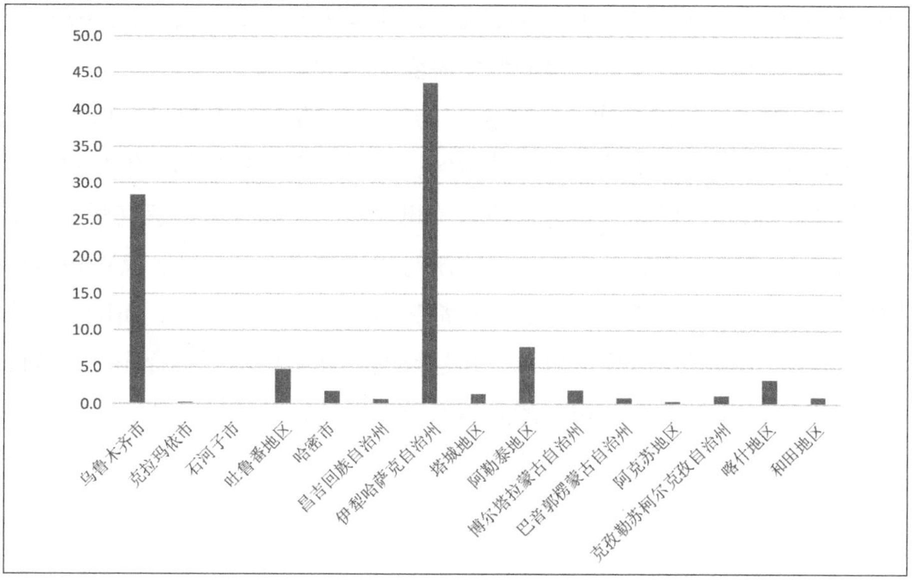

图4–5　2006—2019年新疆各地（州、市）入境游客市场份额平均占比

注：图中纵轴单位为%

（二）目的地变化特征

从2006—2019年各地（州、市）入境旅游市场的发展情况来看（见图4–6），市场份额变化最为明显的是伊犁州和乌鲁木齐市，表现为此消彼长的态势，从2011年开始，伊犁州大幅超过乌鲁木齐市，每年接待入境游客占全疆入境游客总数的一半以上，2015年达到峰值78.2%；而乌鲁木齐市则呈现出持续下降的趋势，入境游客市场份额由2006年的56.1%下降到2019年的13.9%。阿勒泰地区表现为小幅波动，仅次于伊犁州和乌鲁木齐市，年均市场份额位居第三；吐鲁番市则呈现先升后降再上升的上下波动态势，市场份额由2006年的6.7%波动上升为2009年的12.3%，之后持续下降，到2015年仅为0.8%，2016年开始回升，2019年达7%，年均市场份额位居第四。巴州的入境旅客变化趋势与阿勒泰地区相似，市场份额在年均0.9%的范围内上下波动。2006—2019年入境游客份额总体呈下降趋势的有喀什地区、和田地区和克州，其中喀什地区市场份额由

2006年的6.6%下降为2019年的1.0%。其他地（州、市）入境旅游规模较小，市场占比小，近年来入境旅游发展变化不大。

从上述统计可以看出，入境游客的主要目的地为伊犁州、乌鲁木齐市、阿勒泰地区、吐鲁番市和喀什地区；呈现出上升趋势的如伊犁州、阿勒泰地区、博州、巴州等均为边境地（州、市），拥有与哈萨克斯坦、蒙古国的一类开放口岸，近年来边境旅游与边境购物十分活跃；其中霍尔果斯口岸的中哈国际边境合作中心每年都吸引了大批入境游客，而伊宁、博乐、塔城的边境经济合作区以及正在建设的阿勒泰跨境旅游合作区，也极大地促进了边境地（州、市）的入境旅游业发展，边境地（州、市）成为新疆入境游客选择的重要目的地。

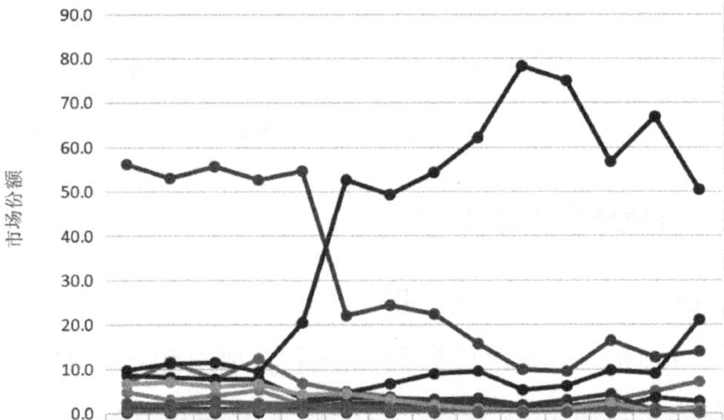

	2006	2007	2008	2009	2010	2011	2012	2013	2014	2015	2016	2017	2018	2019
乌鲁木齐市	56.1	53.0	55.6	52.6	54.6	22.0	24.3	22.4	15.7	9.8	9.4	16.3	12.6	13.9
克拉玛依市	0.1	0.3	0.2	0.2	0.1	0.1	0.2	0.3	0.4	0.2	0.4	0.7	0.6	0.6
石河子市	0.0	0.5	0.1	0.1	0.1	0.1	0.1	0.0	0.0	0.0	0.0	0.0	0.0	0.0
吐鲁番地区	6.7	11.6	7.6	12.3	6.7	4.9	3.6	1.4	1.4	0.8	1.5	2.7	4.9	7.0
哈密市	4.7	2.9	3.9	5.2	1.9	1.6	1.9	1.5	0.9	0.5	0.1	0.2	0.1	0.1
昌吉州	0.1	0.0	0.0	0.1	0.1	0.4	1.1	0.9	1.0	0.6	0.4	0.9	3.4	2.6
伊犁州	9.6	11.2	11.5	9.3	20.4	52.6	49.3	54.2	62.1	78.2	74.9	56.7	66.8	50.4
塔城地区	1.7	0.4	0.8	0.8	1.3	2.3	2.2	2.2	2.4	1.3	1.6	2.5	0.3	0.4
阿勒泰地区	8.5	8.0	7.6	7.6	3.3	4.6	6.6	8.9	9.4	5.2	6.0	9.7	9.0	21.0
博州	0.2	0.2	0.3	0.3	2.5	3.4	3.4	3.1	3.3	1.7	2.8	4.2	0.3	0.6
巴州	0.9	1.1	0.9	0.9	0.6	0.6	1.4	1.1	1.1	0.6	0.7	1.9	0.3	1.1
阿克苏地区	0.6	0.3	0.4	0.7	0.3	0.5	0.5	0.4	0.2	0.1	0.3	0.6	0.5	0.9
克州	2.3	1.9	2.6	1.2	2.0	1.0	1.2	1.4	1.0	0.4	0.8	1.3	1.0	0.2
喀什地区	6.6	6.9	5.9	6.5	4.1	4.5	3.1	1.8	0.9	0.5	0.9	2.2	0.2	1.0
和田地区	1.9	1.7	2.5	2.2	2.0	1.6	1.2	0.4	0.2	0.1	0.1	0.1	0.1	0.3

图4-6　2006—2019年新疆各地（州、市）入境游客市场份额变化特征

注：图中数据单位为%

（三）新疆边境地（州、市）接待入境旅游人次与变化趋势

时间特征上，从图4–7可以看出，近年新疆边境地（州、市）接待入境游客经历了2007年、2008年和2009年的小幅下降后，从2010年开始快速增长，2011年接待总人次同比增长了近一倍，市场占比增加到72.37%，并保持了稳定的增长态势，到2018年，边境地（州、市）的入境游客市场份额达81.69%，2019年及之后有所下降。

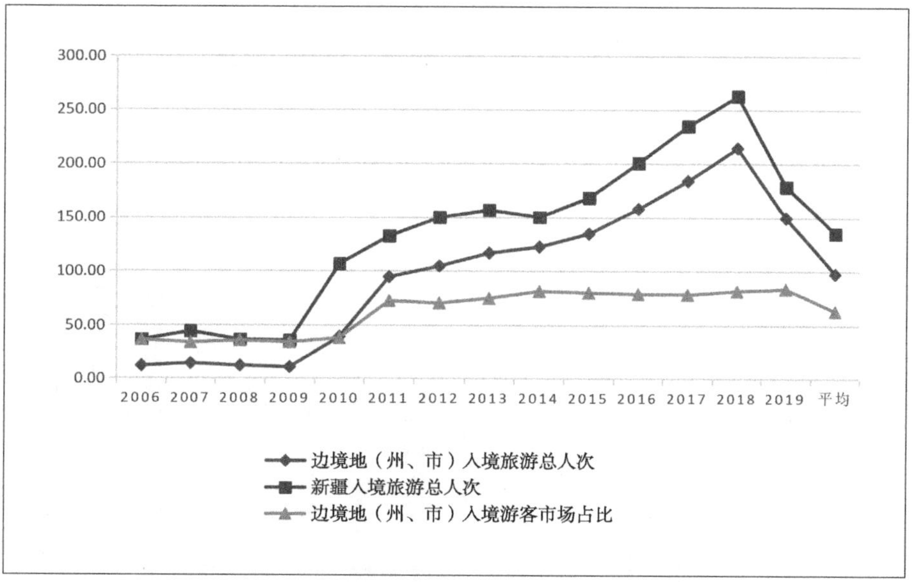

图4–7　2006—2019年新疆边境地（州、市）入境旅游总人次及市场占比

注：纵横单位为万人次和%

横向上，从2006—2019年年均接待入境游客人员来看（见表4–7和图4–8），10个边境地（州、市）中接待入境人员最多的是伊犁州，年均70万人次以上，其次是阿勒泰地区，年均接近13万人次；博州排第三，年均规模接近3.5万人次，第四是喀什地区，年均规模接近3万人次。这四个地（州、市）旅游资源丰富，聚集了新疆一半以上的5A级景区，拥有与哈萨克斯坦、蒙古国、塔吉克斯坦、吉尔吉斯斯坦和巴基斯坦的一类

口岸，与对方国家有着广泛的贸易和文化往来，具有开展边境旅游的资源优势、地缘优势以及人文优势。年均接待人员规模在2.4万人（次）以下、1万人次以上的有塔城地区、昌吉州、哈密市和克州；接待规模最少的是和田地区和阿克苏地区，年均在1万人次以下，其中阿克苏地区年均接待入境游客最少，仅为6524人次。

表4-7　2006—2019年各边境地（州、市）年均接待入境游客

目的地	昌吉州	哈密市	伊犁州	塔城地区	阿勒泰地区	博州	阿克苏地区	克州	喀什地区	和田地区
平均入境游客人次	17605	13988	702509	23345	129977	34821	6524	15602	29255	8246

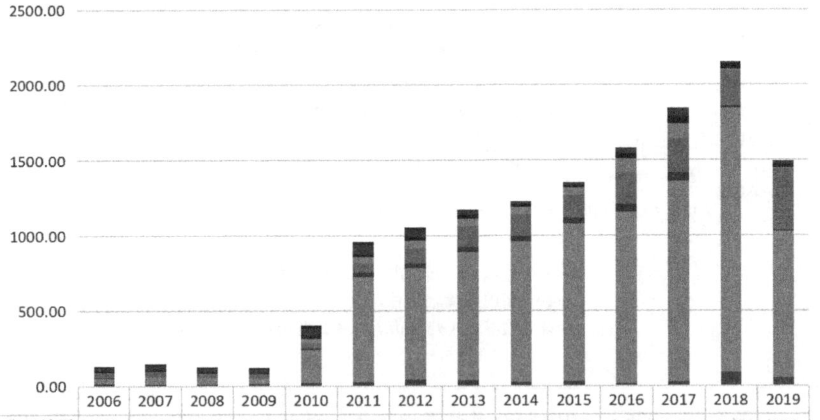

	2006	2007	2008	2009	2010	2011	2012	2013	2014	2015	2016	2017	2018	2019
■和田地区	6.81	7.44	8.89	7.92	21.75	21.77	17.27	5.72	2.79	2.89	4.22	1.50	1.62	4.86
■喀什地区	23.80	30.44	21.48	23.02	43.67	58.98	45.88	28.33	13.62	14.03	28.92	52.70	4.57	20.13
■克州	8.29	8.40	9.56	4.35	20.86	12.53	17.24	22.25	15.33	10.27	28.45	31.20	26.00	3.70
■阿克苏	2.10	1.37	1.41	2.41	3.00	6.05	7.05	5.64	3.53	3.89	9.50	14.60	14.42	16.36
■博州	0.69	0.69	1.11	0.96	27.11	44.87	50.79	48.00	48.99	50.92	95.89	98.19	8.40	10.90
■阿勒泰	30.86	35.20	27.57	27.12	35.63	61.25	98.56	139.09	141.67	150.93	204.06	226.76	235.20	405.79
■塔城地区	6.03	1.74	3.00	2.86	13.69	30.06	32.44	35.16	35.46	38.03	53.04	58.26	8.95	8.11
■伊犁州	34.92	49.02	41.57	33.11	217.61	696.71	738.68	850.12	932.05	1046.2	1137.4	1330.8	1753.5	973.16
■哈密地区	17.14	12.87	14.24	18.30	20.15	21.74	28.61	24.08	13.72	14.01	3.10	4.20	2.39	1.31
■昌吉州	0.50	0.06	0.05	0.26	1.12	4.99	16.83	14.54	14.85	16.09	14.83	22.03	89.99	50.34

图4-8　2006—2019年各边境地（州、市）接待入境旅游人员情况

注：图中数据单位均为千人次

纵向上（见图4–9），2007—2019年各边境地（州、市）入境旅游增长速度呈现出较大的波动，绝大部分地（州、市）在2009—2012年呈现较高的增长幅度，且在2010年达到峰值。其中增长较快的分别是博州、伊犁州和昌吉州，尤其是博州，2010年增幅达2735.3%；阿勒泰地区增幅较为稳定，除2008年和2009年外，一直保持着增长的态势；东疆的哈密市和南疆的阿克苏、喀什、克州、和田4地（州、市）2014年均出现30%以上的较大降幅，之后有所反弹，说明安全稳定的社会环境是边境旅游发展的重要保障，也是旅游资源充分发挥效率的前提。

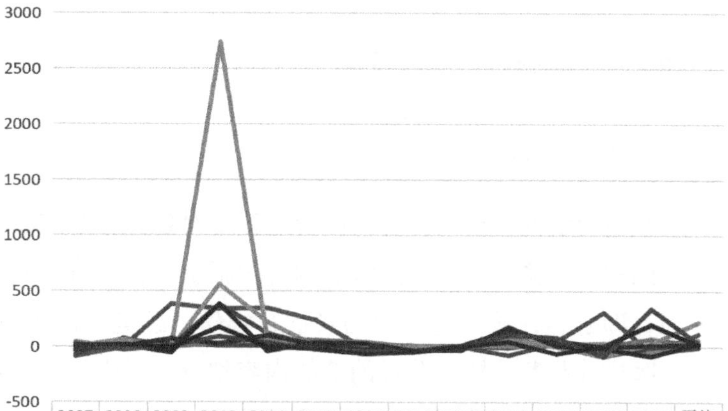

	2007	2008	2009	2010	2011	2012	2013	2014	2015	2016	2017	2018	2019	平均
昌吉州	-88.8	-5.36	381.1	339.2	345.4	237.4	-13.6	2.15	8.34	-7.84	48.56	308.4	-44.0	116.2
哈密市	-24.9	10.65	28.53	10.09	7.9	31.62	-15.8	-43.0	2.07	-77.8	35.44	-43.1	-45.1	-9.51
伊犁州	40.38	-15.2	-20.3	557.1	220.1	6.03	15.09	9.64	12.26	8.72	17	31.77	-44.5	64.48
塔城地区	-71.2	73.03	-4.86	379.4	119.5	7.91	8.37	0.87	7.24	39.49	9.84	-84.6	-9.36	36.59
阿勒泰地区	14.08	-21.6	-1.6	31.36	71.93	60.91	41.12	1.86	6.53	35.21	11.12	3.72	72.53	20.08
博州	0.15	62.1	-14.0	2735.3	65.53	13.19	-5.49	2.06	3.93	88.33	2.4	-91.4	29.81	222.4
阿克苏地区	-34.6	2.62	71.24	24.47	101.5	16.59	-19.9	-37.4	10.29	144.2	53.65	-0.01	13.45	26.61
克州	1.35	13.82	-54.4	379.3	-39.9	37.59	29.08	-31.1	-33.0	177.0	9.68	-16.6	-85.7	29.76
喀什地区	27.89	-29.4	7.14	89.69	35.08	-22.2	-38.2	-51.9	3	106.1	82.25	-91.3	340.5	35.28
和田地区	9.21	19.54	-10.9	174.5	0.07	-20.6	-66.8	-51.2	3.65	45.9	-64.4	7.8	200.3	18.99

图4–9　2007—2019年新疆边境地（州、市）入境旅游增长幅度

注：图中数据单位均为%

综合接待人次和增长速度两个指标可以看出，北疆5个边境地（州、市）的入境旅游人次及增长速度明显高于南疆的4个边境地（州、市）。北疆5个地（州、市）中，伊犁州和阿勒泰地区接待入境人次最多，其中伊犁州的入境接待人次和游客接待增速两个指标均较为显著，相比较而言阿勒泰地区增速较缓；平均增速最为突出的是博尔塔拉蒙古自治州，14年来平均增长速度达222.44%；昌吉州入境接待规模小但平均增长速度较快，达116.23%；塔城地区两个指标均处于中等水平。南疆4个边境地（州、市）中接待人次多、平均增长速度最快的是喀什地区，接待人次最多，而其他3个地（州、市）接待入境人次及平均增长速度均处于较低水平。

四、入境游客的消费特征

（一）消费结构分析

旅游消费结构是指旅游者在旅游过程中对各类旅游产品和劳务消费的数量比例和相互关系。旅游消费的内容包括食、住、行、游、购、娱等诸多方面，即游客在旅游过程中的餐饮、娱乐、游览、住宿、交通、购物、通信、医疗等花费。按旅游者消费的内容划分，可将旅游消费分为基本旅游消费和非基本旅游消费①。基本旅游消费主要包括交通、住宿、餐饮及游览等方面的花费；非基本旅游消费主要包括娱乐、邮电通信、旅游购物和其他服务等。旅游消费结构研究的目的在于反映旅游目的地的旅游服务水平，为开拓旅游市场和开发旅游产品提供重要依据，从而促进目的地旅游业健康稳定发展。

新疆2006—2019年入境旅游者平均消费组成情况如下：（1）购物在总消费中所占比重最高，为31.96%。这是由于新疆与周边国家边境贸易活跃，带动了边境购物旅游，以中哈、中蒙、中俄、中塔、中吉为代表的

---

① 石斌.旅游经济学[M].北京：清华大学出版社，2013.

边民互市贸易日益繁荣，边境购物成为吸引周边国家游客入境旅游的重要组成部分。（2）长途交通消费占比居于第二位，为30.44%，尤其是民航花费占比较多，说明新疆的铁路、公路交通方式相对比较落后。另外，新疆地域辽阔，旅游景点分散，景点间距长，以疆内的交通为例，首府乌鲁木齐市距各地（州、市）所在城市的平均距离为742公里，距喀什约1100公里；加之新疆地理区位的原因，旅游交通成本较高，导致长途交通消费占比高。（3）其他消费，如市内交通、游览、娱乐、邮电通信等项目占比较少，一方面说明新疆入境游客在景区的停留时间短，交通占据了旅游的较多时间和花费，造成旅游者用于游览、娱乐的消费减少；另一方面，也说明以购物为主的入境游客占比较高，反映了新疆与周边国家，如哈萨克斯坦、俄罗斯、蒙古、巴基斯坦等主要客源地良好的边境贸易合作关系。从旅游消费方面，说明新疆的旅游业发展不均衡，旅游各要素生产部门未能协调发展，旅游产品结构不够合理，如交通工具短缺、游娱网点以及游乐项目少等，降低了新疆旅游的吸引力，影响新疆旅游业竞争力的提高。

（二）入境游客消费结构变化趋势

新疆入境游客的基本旅游消费和非基本旅游消费均呈上升趋势（见表4–8）。2017年基本旅游消费达到62420万美元，与2006年相比增长1009.5%；2018年非基本旅游消费达97329万美元，比2006年增长了1304.05%。从年平均比重来看，基本旅游消费高于非基本旅游消费；从总体上来看，基本旅游消费所占比重呈上升趋势，非基本旅游消费占比下降。除2018年外，从2011年开始，基本旅游消费超过非基本旅游消费，二者占比分别由2006年的44.8%、55.2%到2019年变化为72.20%、27.80%。导致这一变化趋势的主要原因是构成入境游客基本旅游消费的长途交通费比重近年来逐年增加，由2006年的24.3%提高为2019年的46.1%，增长了21.8%，成为新疆入境旅游消费占比最高的项目，而游览、住宿、餐饮等消费比重也都有不同程度的提高，如住宿消费比重增加了7.4%，餐饮消费占比提高了2.2%。长途交通、住宿、餐饮占据了游客的大部分消费，近三年仅长途交通与住宿两项就占了入境游客总消费的50%以上。而构成非基本旅游消费的主要部分是购物消费，在新疆入境旅游总消费中占比近年来不断下降，由2006年的40%下降为2019年的19.2%，减少了20.8%（见图4-10）；其他项目如娱乐以及其他服务消费变化幅度较小，从而使非基本旅游消费占比不断减少。

表4-8　新疆入境旅游市场的消费结构变化情况

年份	2006	2007	2008	2009	2010	2011	2012	2013	2014	2015	2016	2017	2018	2019
基本旅游消费	5626	5086	5714	11487	17243	20236	35347	36857	33848	37668	58223	62420	25189	42309
占比/%	44.8	32.2	42.7	43.9	46.8	54.9	64.2	63.0	68.1	62.0	64.6	59.2	20.6	72.20
长途交通费	3114	2511	3131	5783	9543	11304	21087	21002	19583	25921	37403	40489	10638	27015
住宿	1168	1106	1057	2093	2984	3582	6717	7196	5915	5585	9554	10333	5747	9669
餐饮	640	884	763	1596	2026	2000	2753	3569	3628	4163	6579	7697	5013	4219
市内交通	239	253	335	628	921	1861	1817	1346	1243	650	1172	1265	245	410
游览	465	332	428	1387	1769	1489	2973	3744	3479	1349	3515	2636	3546	996
非基本旅游消费	6932	10709	7666	14680	19601	29973	19710	21645	15856	23107	31905	43019	97329	16290
占比/%	55.2	67.8	57.3	56.1	53.2	45.1	35.8	37.0	31.9	38.0	35.40	40.80	79.60	27.80
商品销售	5124	8498	6436	12089	13374	17677	11011	11583	7804	11292	13880	19928	72630	11251
娱乐	854	253	134	419	516	3690	3909	3627	3181	1513	2524	2952	1712	410
邮电通信	100	426	361	680	1216	1303	1376	1638	1292	3823	5137	4850	611	234
其他服务	854	1532	735	1492	4495	7303	3414	4797	3579	6479	10364	15289	22376	4395
总计	12558	15795	13380	26167	36844	50209	55057	58502	49704	60775	90128	105439	122272	58600

注：数据来源于2007—2020年新疆统计部门，数据单位除百分比外均为万美元

从年际变化来看（见图4–10），2006—2019年新疆入境游客各类消费所占比重的变化情况呈现阶段性起伏。2007—2009年受新疆安全因素及全球性金融危机的影响，新疆的入境旅游消费以商品销售和长途交通为主，占比在70%左右，其他项目消费占比较低；民航、游览、住宿、娱乐等消费出现下降，其中娱乐消费下降最为明显，由2006年的6.7%骤减到2008年的1%，并持续低迷到2010年1.4%，说明远程游客少，客源以购物为主的近程游客为主。而同期新疆入境游客以独联体为主的欧洲游客为主（见表4–1），旅游活动以购物商贸游为主也验证了这一点。从2012年开始，民航、长途交通消费占比超过商品销售，且持续上升，商品销售占比持续下降，均低于20%，住宿、餐饮、其他服务消费占比均有上升，反映了新疆旅游服务水平的逐年提高，入境游客活动从以边贸为主转向多元化的发展趋势。这也充分表明旅游公共服务设施的改善、景区建设的提高对旅游服务贸易的重要性。此外，也与近年来国家援疆行动，省道、国道以及铁路和航空交通线路的完善，吸引了更多游客，但商品加工技术相对落后，多为粗加工，吸引力不足密切相关。

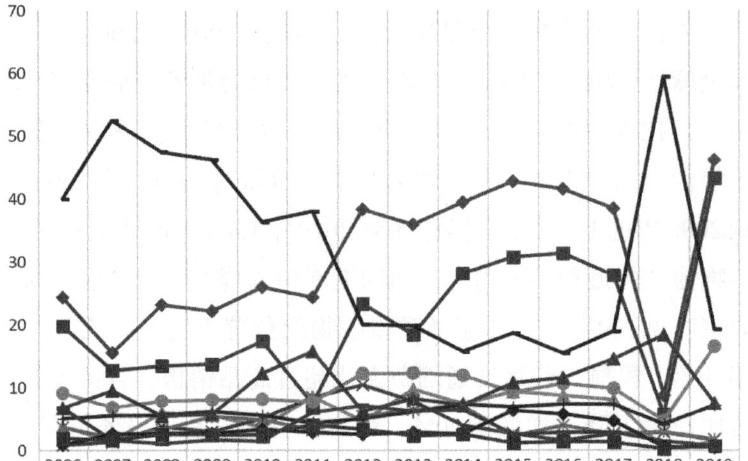

	2006	2007	2008	2009	2010	2011	2012	2013	2014	2015	2016	2017	2018	2019
长途交通费	24.3	15.5	23.1	22.1	25.9	24.3	38.3	35.9	39.4	42.7	41.5	38.4	8.7	46.1
民 航	19.8	12.7	13.4	13.7	17.3	7.4	23.3	18.4	28.1	30.7	31.3	27.8	5.7	43.2
铁 路	3.7	1.5	5.9	5.5	3.6	8.5	4.6	9.7	7.4	9.3	8.7	8	0.1	1.3
汽 车	0.8	1.3	3.7	2.9	5	8.4	10.4	7.8	3.9	2.6	1.5	2.6	2.8	1.6
游 览	3.6	2	3.2	5.3	4.8	3.2	5.4	6.4	7	2.2	3.9	2.5	2.9	1.7
住 宿	9.1	6.8	7.8	8	8.1	7.7	12.2	12.3	11.9	9.2	10.6	9.8	4.7	16.5
餐 饮	5	5.5	5.6	6.1	5.5	4.3	5	6.1	7.3	6.9	7.3	7.3	4.1	7.2
商品销售	40	52.5	47.4	46.2	36.3	38	20	19.8	15.7	18.6	15.4	18.9	59.4	19.2
娱 乐	6.7	1.6	1	1.6	1.4	6	7.1	6.2	6.4	2.5	2.8	2.8	1.4	0.7
邮电通信	0.8	2.6	2.7	2.6	3.3	2.8	2.5	2.8	2.6	6.3	5.7	4.6	0.5	0.4
市内交通	1.9	1.6	2.5	2.4	2.5	4	3.3	2.3	2.5	1.1	1.3	1.2	0.2	0.7
其他服务	6.7	9.5	5.4	5.7	12.2	15.7	6.2	8.2	7.2	10.7	11.5	14.5	18.3	7.5

图4–10　新疆入境旅游市场的消费结构变化趋势

注：数据根据表4–8计算得出，数据单位均为%

总体而言，新疆入境游客的消费主要集中在长途交通、民航、商品销售、住宿、餐饮方面，而娱乐和游览消费占比仍然很小，且基本旅游消费高于非基本旅游消费。从近年来的变化趋势来看，入境游客吃、住、行等基本旅游消费占比越来越高，而购物、娱乐等非基本旅游消费比重在不断下降，消费结构反映了产品结构，说明新疆的入境旅游产品发展不平衡，文化旅游资源没有得到充分发挥和运用，旅游产业结构有待优化和升级，旅游产业内部各要素在发展速度和发展进程上没有协调发展，游览、娱乐和其他服务等相关产业发展水平有待提高。

（三）新疆入境过夜游客平均停留时间

新疆主要城市入境过夜游客的平均停留时间见表4–9，以乌鲁木齐、喀什和伊宁为例，从2014—2017年城市比较来看，入境过夜游客的平均停留时间相对较长的是伊宁，2017年为3.5天，喀什和乌鲁木齐分别为3.2天3.1天。从年际变化情况看，入境过夜游客平均停留时间逐年增加，近年来均在3天以上，2019年乌鲁木齐由2014年的1.7天增加至4.6天。

表4–9　2014—2019年新疆入境过夜游客平均停留时间

年份	地区		
	乌鲁木齐	喀什	伊宁
2014	1.7	1.5	3.0
2015	1.9	2.0	2.7
2016	2.8	2.9	3.2
2017	3.1	3.2	3.5
2018	3.3	–	3.3
2019	4.6	–	–

注：数据来自国家旅游部门抽样调查资料（2018年未统计喀什地区，2019年仅统计乌鲁木齐地区，因此存在数据缺失），停留时间单位为天/人

按入境过夜游客的旅游目的，以2018年为例，乌鲁木齐入境游客时间主要用于观光游览、休闲度假、探亲访友以及宗教朝拜，时间维持在3天左右；而伊宁入境游客用于商务和探亲访友比较多，接近4天时间（见表4–10）；根据旅游抽样调查资料，2019年新疆入境游客在各类活动中的花费人均每天250.3美元，以观光游览、休闲度假、探亲访友、会议、文化交流和购物为主（见表4–11）。

表4-10　2018年新疆入境过夜游客平均停留时间（按旅游目的）

地区	旅游目的									
	平均停留	观光游览	休闲度假	探亲访友	商务	会议	宗教朝拜	购物	医疗保健	其他
乌鲁木齐	3.3	3.2	3.4	3	2	–	3.2	–	–	–
伊宁	3.3	3	3.2	4	3.9	–	2.9	–	–	–

注：数据来自国家旅游部门抽样调查资料，停留时间单位为天/人

表4-11　2019年新疆入境游客人均天花费（按旅游目的）

–	平均花费	观光游览花费	休闲度假花费	探亲访友花费	商务花费	会议花费	宗教朝拜花费	文化/体育/科技交流花费	购物花费	医疗保健花费	其他花费
新疆	250.30	230.34	267.17	118.23	207.97	364.23	–	175.00	201.08	–	256.26

注：人均花费单位为美元/人·天

与其他拥有一类口岸边疆民族省区西藏、云南、广西以及内蒙古相比，2019年新疆入境过夜游客的人均天花费低于西藏以及云南地区，与云南省283.29美元相差较大；高于广西的216.39美元、内蒙古地区的200.40美元（见表4-12）。

表4-12　2019年边境民族省区入境过夜游客人均天花费

地区	新疆	西藏	云南	广西	内蒙古
人均每天花费/美元	250.30	259.55	283.29	216.39	200.40

注：数据来自国家旅游部门抽样调查资料

五、新疆入境客源市场小结

第一，近年来新疆入境客源市场份额由大到小依次为：亚洲市场、欧

洲市场、我国港澳台市场、北美洲市场、大洋洲市场、非洲市场。第二，新疆入境旅游地理集中指数较高，表明新疆入境游客来源地比较集中，入境旅游市场越来越依赖少数几个大的客源地，客源地分布不均衡，增加了新疆入境旅游发展的不稳定性和脆弱性。第三，哈萨克斯坦、蒙古国、俄罗斯近年来成为新疆入境旅游的主要客源市场，占新疆入境旅游客源市场的80%以上；美国、加拿大、英国、德国、法国、澳大利亚以及日本、韩国、新加坡等传统客源地的市场占有率在逐年下降。第四，从入境游客的流向来看，南、北疆之间差异较大，绝大多数入境游客流向北疆，流向最多的是乌鲁木齐市和伊犁州直属县（市），其次为阿勒泰、吐鲁番和喀什地区；第五，近年来入境游客吃、住、行等刚性旅游消费占比越来越高，而游览、娱乐等旅游消费比重较低，反映了旅游产品结构不够合理，旅游产品发展不平衡，旅游产业结构有待优化和升级，旅游产业内部各要素在发展速度和发展进程上没有协调发展。第六，新疆入境过夜游客的人均天花费与其他边境民族省区相比，低于云南、高于广西和内蒙古。

第二节　新疆入境旅游需求的影响因素分析：基于地缘关系的视角

地缘关系通常指以地理位置、综合国力和距离等地缘要素为基础的国家之间的地缘政治、地缘经济、地缘文化等关系。地缘关系对国际旅游具有重要影响，国际旅游活动的开展与国家间的关系、经济发展程度、自然地理条件、文化差异、政治制度、贸易等地缘要素密切相关。从地缘条件来看，与新疆毗邻的中亚国家，在地理条件、文化习俗、语言环境等方面都与新疆非常相近，并且与我国历来保持着睦邻友好关系和商贸合作关系，随着中国与中亚各国经贸往来和人文交流的不断深入，必然会吸引越来越多的中亚游客入疆旅游；另一方面，新疆地处亚欧大陆腹地，古丝绸之路的南、北、中三条通道全境通过，是中西文化交流汇聚中心，对东西方游客都具有很强的吸引力；此外，地处新亚欧大陆桥、中蒙俄、中国－中亚－西亚、中巴经济走廊的交汇处，新疆具有发展跨境旅游的地缘区位优势。因此，从地缘关系的视角分析新疆入境旅游的影响因素具有重要的现实意义。

作为研究地缘关系核心和基础的地理因素，距离，被广泛认为是影响旅游者行为的一个重要原因①，通常被视为反映文化接受度、时间可用性、交通偏好等一组因素的一个代理指标②。距离导致的文化、地理、制度和经济等方面的差异，不仅会影响旅游者对旅游目的地的认知行为和意向形成，还会影响出游决策③。由国家间地理距离而形成的交通成本，是影响游客选择目的地的重要因素；客源国（地区）与东道国在价值观、行为规范、感知、社会交往等方面的文化差异会对旅游者的消费行为与偏好产生影响④；制度是约束、调控和规制人类行为的准则，制度因素与入境旅游发展之间有极强的相关性⑤，制度距离反映了两国（地区）之间在公共服务效率和政策有效性、对企业监管的强度和公正性、公民的政治话语权和公共事务参与度、政府的清廉及对腐败的控制6个维度的综合差距。

基于以上分析，本研究从地缘关系的视角，将地理距离、文化距离、制度距离和经济距离引入新疆入境旅游需求的分析框架。地理距离评价国家间地理距离、交通成本，用客源国（地区）首都（首府）与目的地之间

① WALMSLEY D J, JENKINS J M. Cognitive distance: a neglected issue in travel behavior[J]. Journal of travel research, 1992, 31(1)：24–29.

② PIKE S D, PAGE S J. Destination marketing organizations and destination marketing: a narrative analysis of the literature[J]. Tourism management, 2014, 41(2)：202–227.

③ 曹晶晶，章锦河，周珺，等. “远方”有多远：感知距离对旅游目的地选择行为影响的研究进展[J]. 旅游学刊，2018，33（7）：103–118.

④ 伍晓奕，林德荣. 跨文化旅游者消费行为研究综述[J]. 旅游科学，2008，22（3）：49–54.

⑤ GHEMAWAT P. Distance still matters[J]. Harvard business review, 2001, 79(8)：137–147.

的距离计算；文化距离评价国家（地区）间语言、宗教、种族、社会风俗等方面的差异，以Hofstede（2015）的文化维度指数来计算；制度距离评价法律体系、政治环境、规章制度等方面的差异，采用世界银行数据库中的“全球治理指数（WGI）”来计算，用我国与客源国（地区）的制度质量之差的绝对值表示国家（地区）间的制度距离。经济距离评价国家间收入水平、双边贸易、物价水平、经济或市场规模，采用人均GDP计算。

一、模型设计与变量说明

1.样本选择与数据来源

根据《新疆统计年鉴》纳入统计的新疆主要入境客源国（地区），结合Hofstede官网文化距离维度的可获得性，最终选定澳大利亚、德国、俄罗斯、法国、菲律宾、韩国、加拿大、马来西亚、巴基斯坦、美国、日本、瑞典、泰国、西班牙、新加坡、意大利、印度、英国等18个国家作为研究样本。其中，关于菲律宾的新疆入境旅游人次在部分年份有所缺失，本文采用均值替换法来进行补充，即采用前后两年的平均值来作为此年份的数据。为研究方便，从地理距离层面将新疆客源国（地区）按所属区域分为亚洲、欧洲、北美洲和大洋洲（样本分布见表4–13），采用18个国家2010—2020年（11年）的数据。

表4–13　样本国家分布

所属大洲	国家
欧洲	瑞典、西班牙、英国、德国、法国、俄罗斯、意大利
亚洲	韩国、日本、泰国、新加坡、菲律宾、印度、马来西亚、巴基斯坦
北美洲	美国、加拿大
大洋洲	澳大利亚

2.模型构建与变量说明

（1）模型构建

引力模型通常被运用到国际旅游中，用以研究两国（地区）距离对双边旅游流量的影响（王亚辉、吴云超，2017；尹忠明、秦蕾，2020）。例如，Anderson和Van Wincoop（2003）应用引力模型发现两国外交关系友好对国际旅游流量具有显著的促进作用①，Fourie和Santana-Gallego（2013）运用引力模型研究文化相似性对国际旅游流量的影响，结果表明两国间文化越相似，国际游客量就越大②。

研究借鉴Tinbergen构建的贸易引力模型。贸易引力模型指出，两国（两地区）间的双边贸易流量与两国（两地区）之间的地理距离成反比，而与两国（两地区）的经济总量成正比。国际旅游可以看作是国际贸易活动中的一种，因为国际旅游包含了游客在国与国之间的流动，故将引力模型应用于国际旅游业中有很强的可行性，且已有研究者从实证的角度，证明了引力模型在服务贸易③ 和旅游研究④ 中的有效性。基准的旅游引力模型如下（Vietze，2012）：

$$\ln Y_{ij}=\beta_0+\beta_1\ln GDP_i+\beta_2\ln GDP_j+\beta_3\ln Dist_{ij}+\beta_4\ln X_{ijt}+\mu_{ijt} \quad (1)$$

其中，Y_{ij}为i国（地区）到j国（地区）的游客量（人次数），GDP_i与GDP_j分别为i国（地区）和j国（地区）的GDP，$Dist_{ij}$为i国（地区）和j国（地区）的距离，X_{ijt}表示影响游客量的其他因素，如文化距离、相对价格、客源地与目的地国家（地区）是否接壤及其他特殊事件等，μ_{ijt}为随机扰动项。

---

① ANDERSON J E, VAN WINCOOP E. Gravity with gravitas: a solution to the border puzzle[J]. American economic review, 2003, 93(1)：170–192.

② KOGUT B, SINGH H. The effect of national culture on the choice of entry mode[J]. Journal of international business studies, 1988, 19(3)：411–432.

③ KIMURA F, LEE H. The gravity equation in international trade in services[J]. Refiew of world economics, 2006, 142(1)：92, 121.

④ KEUM K. Tourism flows and trade theory: a panel data analysis with the gravity model[J]. The annals of regional science, 2010, 44(3)：541–557.

根据基准引力模型，并借鉴Limao和Venables（2001）的方法对其加以拓展，以新疆入境旅游需求为被解释变量（用入境旅游人次来表示），以文化距离、制度距离和地理距离为核心解释变量，构建模型如下：

$$\ln Y_{ijt} = \alpha_0 + \alpha_1 CD_{ij} + \alpha_2 ID^2{}_{ij} + \alpha_3 GD_{ij} + \alpha_4 \ln GD_{ij} + \sum \alpha_k Z_{ijt} + \lambda_i + \lambda_t + \varepsilon_{ijt} \qquad (2)$$

其中Y_{ijt}代表新疆入境旅游人次，CD、ID和GD分别表示文化距离、制度距离和地理距离，Z_{ijt}为模型中的一系列控制变量，主要包括客源国（地区）和目的地人均生产总值、双边贸易额，客源国（地区）互联网使用率、通货膨胀率、汇率等（各变量含义及数据来源见表4-14），式中变量下标i、j、t分别表示客源国（地区）、目的地国（地区）、年份，λ_i为国家固定效应；λ_t为时间固定效应；ε_{ijt}为随机扰动项。

表4-14 变量说明与数据来源

变量类别	具体变量	变量含义	数据来源
被解释变量	$\ln Y_{ijt}$	客源国（地区）j在t年到达新疆的游客数量，取对数形式	新疆统计年鉴
解释变量	CD_{jt}	中国与客源国（地区）之间的文化距离	www.hofstede-insights.com 通过公式计算
	ID_{jt}	中国与客源国（地区）之间制度距离	http://data.worldbank.org.cn/ 通过公式计算
控制变量	$\ln PGDP_i$	新疆人均生产总值（以美元计），取对数形式	新疆统计年鉴
	$\ln PGDP_j$	客源国（地区）人均生产总值（以美元计），取对数形式	世界银行数据库
	Internet	使用互联网的人数占人口的比重（%）	世界银行数据库
	CPI_j	客源国（地区）通货膨胀率	世界银行数据库
	EXR_j	客源实际有效汇率（直标价法）	世界银行数据库
	$\ln GD$	客源国（地区）首都（首府）与乌鲁木齐之间的距离（以公里计），取对数形式	www.google.cn/maps

续表

变量类别	具体变量	变量含义	数据来源
控制变量	$\ln Trade_{ijt}$	新疆与客源国（地区）之间在t年的进出口贸易总额（万美元），取对数形式	新疆统计年鉴
虚拟变量	t_n	时间是虚拟变量，有重大冲击事件年份为1，否则为0（如2014年云南昆明及新疆发生的暴恐事件、2019年底暴发的全球性新冠疫情，$t_{2014}=1$，$t_{2019}=1$,其他年份为0）；样本国（地区）与我国有重大冲突事件发生的年份为1，其他年份为0（如2017年中印洞朗事件）。	-
	contig	客源国（地区）与新疆是否接壤，接壤取1，不接壤取0	-

（2）变量说明

解释变量文化距离的测算，基于Hofstede提出的文化六维度理论（Hofstede's cultural dimensions theory），即权力距离（power distance）、不确定性规避程度（uncertainty avoidance）、个人/集体主义（individualism versus collectivism）、男性/女性特质（masculinity versus femininity）、经济长期/短期取向程度（long-term versus short-term）和社会成员放纵/克制程度（indulgence versus restraint）6个国家（地区）文化维度指数①，Kogut等（1988）构建了文化距离指数（CDI）②，其计算公式为：

$$CD_{ij}=\sum_{n=1}^{6}[(I_{in}-I_{jn})/Vn]/6$$

其中，CD_{ij}为i国（地区）与j国（地区）之间的文化距离，I_i和I_j分别是i国（地区）和j国（地区）在第n维文化维度上的评分，Vn为总样本

① G. H OFSTEDE. Culture and organizations[J]. Internaltional studies of management & organization, 1980, 10 (40)：14–51.

② KOGUT B, SINGH H. The effect of national culture on the choice of entry mode[J]. Journal of international business studies, 1988, 19(3)：411–432.

第n维文化维度评分的方差，n=1，2，…，6。鉴于该方法的普适性和便利性，本文继续采用这种方法来计算各客源国（地区）与中国的文化距离，样本国家（地区）文化维度数据通过Hofstede官网2015年的文化维度数据获取。

一般来说，其他条件不变的情况下，一国（地区）的入境旅客多来自文化近似性高、文化距离较近的国家或地区①。然而，从新疆入境游客国（地区）分布来看，与新疆文化距离较远的美国、英国、日本也是新疆入境旅游的主要客源地。已有研究显示，文化距离所代表的文化差异有助于促进跨国（地区）旅客的流动②，随着文化距离的增加，目的地满足游客追求新奇的可能性也随之提升，到访游客的数量也会相应地增加。但游客数量并不会随着文化距离的增加而无限制地增加，因为文化距离的增加也会导致旅游风险的提升，游客会担心沟通困难、习俗差异、难以适应异域生活等，这可能会使旅游者放弃前往文化距离大的目的地。即文化距离与旅游者目的地选择之间可能存在非线性关系③，因此，需要在模型中增加文化距离的二次项。见表4-15。

表4-15　样本国家（地区）和中国的文化距离

国家（地区）	文化距离	国家（地区）	文化距离
澳大利亚	4.2936	马来西亚	1.3644
德国	1.9011	美国	4.0951
俄罗斯	1.9546	日本	2.1846
法国	2.4301	瑞典	4.7442
菲律宾	1.3258	泰国	1.9897

① 杨洋，陈艳，熊洛奕，等. 综合国家距离对中国入境旅游的影响：基于CAGE距离框架的实证研究[J]. 旅游学刊，2022，37（2）：62-74.

② 姚利民，肖霞，余凯丽. 文化亲近对双边跨境旅游影响的实证研究：以中国为例[J]. 浙江工业大学学报（社会科学版），2015，14（4）：391-397，458.

③ 周玲强，毕娟. 文化距离对国际旅游目的地选择行为的影响：以中国入境游市场为例[J]. 浙江大学学报（人文社会科学版），2017，47（4）：130-142.

续表

国家（地区）	文化距离	国家（地区）	文化距离
韩国	1.5148	西班牙	2.3407
加拿大	3.3227	新加坡	0.5555
意大利	2.1183	印度	0.6971
英国	3.3682	巴基斯坦	1.288

数据来源：Hofstede官网，参见网址：http://geerthofstede.com

制度距离在世界银行全球治理指数中共包括6个指标，分别是话语权与责任、政治稳定性、政府效能、监管质量、腐败控制，并且采用下述算法将这些指标进行综合。

$$ID_{ij} = 1/N\sum_{K=1}^{N}[(I_{ki} - I_{kj})^2/V_m]$$

其中，I_{ki}是i国在制度维度k上的得分，I_{kj}是j国在制度维度k上的得分，V_m是维度k的方差，K是所有制度距离维度的数量，N为国家个数。

地理距离GD_{ij}用客源国（地区）首都（首府）与乌鲁木齐之间的距离来表示。

人均国内生产总值反映了一个国家国民经济水平的高低，经济水平高的地区国民往往出游意愿和消费能力也高，在此用客源国（地区）人均生产总值（$PGDP_j$）和新疆地区人均生产总值（$PGDP_i$）的对数来控制收入水平对新疆入境旅游人次的影响。互联网技术的普及改变了旅游者信息搜索和旅游策划行为，为旅游者提供信息流通平台和产品交易平台，丰富且及时的信息能够提升旅游者出行意愿，对旅游者出行意愿有重要影响①，与此同时，网络和文化传播行业的快速发展增强了跨境间的互动，可能会改变地理距离、文化距离和制度距离发生作用的条件，因此，引入客源国（地区）互联网使用率*Internet*（使用网络的人数占总人口的比重）来控制

① BOES K, BUHALIS INVESINI A. Smart tourism destinations: Ecosystems for tourism destination competitiveness[J]. International Journal of Tourism Cities, 2016, 2(2): 108–124.

互联网发展水平对新疆入境旅游的影响。双边贸易与双边旅游密切相关，用客源国（地区）与新疆的进出口贸易额（$Trade_{ijt}$）来计算双边贸易量，为消除各客源国（地区）与新疆之间贸易额差距过大对计量结果的影响，对其取对数。价格水平（*CPI*）和汇率水平（*EXR*）影响目的地选择①，目的地的物价水平对旅游者到访有负向影响②；本国货币贬值使外国（地区）游客入境旅行变得便宜。虚拟变量coting表示两国（地区）的接壤关系（接壤=1，不接壤=0）；鉴于重大事件影响旅游目的地选择③，因此，控制国际重大影响事件的年份，t_{2014}和t_{2020}为虚拟变量（表示2014年云南、新疆暴恐事件和2020年全球性新冠疫情影响，t_{2014}=1，t_{2020}=1，其他年份为0）。

二、模型估计结果

各变量的描述性统计见表4–16。

表4–16　变量的描述性统计（不包括虚拟变量）

变量	样本量	最大值	最小值	平均值	标准差
$\ln Y$	198	12.338	0.693	8.228	2.054
CD	198	4.744	0.556	2.305	1.186
CD^2	198	22.508	0.309	6.695	1.179
ID	198	2.660	0.356	1.477	0.625
$\ln GD$	198	9.252	7.564	8.501	0.397
$\ln PGDP_j$	198	11.13	6.815	9.891	1.242
$\ln PGDP_i$	198	8.99	8.216	8.682	0.228

① CROUCH G I. The study of international tourism demand: asurvey of practice[J]. Journal of travel research, 1994, 32(4): 41–55.

② 周玲强，毕娟.文化距离对国际旅游目的地选择行为的影响：以中国入境游市场为例[J]. 浙江大学学报（人文社会科学版），2017，47（4）：130–142.

③ LIM C. Review of international tourism demand models[J]. Annals of tourism research, 1997, 24(4): 835–849.

续表

变量	样本量	最大值	最小值	平均值	标准差
Internet	198	97	8	69.747	25.716
CPI	198	200.079	99.684	115.036	18.506
EXR	198	1180.266	0.608	86.139	255.951
ln*Trade*	198	13.069	6.373	9.394	1.172

考虑到回归方程（2）中既包含了文化距离和地理距离等非时变变量，又有人均收入、双边贸易额、汇率等时变变量，在此采用Hausman-Taylor估计方法，具体结果列示于表4-17。实证结果显示，解释变量文化距离对新疆入境旅游具有显著影响，CD的系数为正（1.857）而CD^2的系数为负（-0.333）说明，客源地与目的地选择之间呈现倒U形非线性关系，即目的地文化的差异性构成了旅游吸引力，但过大的文化距离会阻碍游客对目的地的选择；制度距离在10%的水平上正向影响新疆入境旅游人次；地理距离与新疆入境旅游人次呈负相关，说明距离越远，交通成本越高，符合理论预期；客源国（地区）互联网使用率、双边贸易额都与入境旅游人次存在显著的正相关关系，互联网使用的普及率能够对信息的获取起到重要作用，网络使用率高的国家（地区）更能促进出游人次的增加；客源国（地区）与新疆地区的进出口贸易额的增加能够促进新疆入境旅游客流量，说明客源国（地区）的经济水平越高，居民的出游能力越强；地理距离、新疆的人均GDP以及物价水平都与新疆入境旅游流量存在显著的负相关关系，这是因为地理距离越大，交通成本越高，从而降低国际游客的旅游意向；相对于客源国（地区），新疆人均GDP和物价水平越高，消费水平也越高，旅游服务相关成本也越高，从而对客源国（地区）游客入疆旅游具有负向影响。

表4-17　文化距离对新疆入境旅游影响的实证结果与稳健性检验

变量	实证结果 （1）	调整样本期 （2）
CD	1.857*** （0.504）	2.106*** （0.551）
CD^2	−0.333*** （0.088）	−0.396*** （0.103）
PD	0.388** （0.179）	0.218* （0.144）
$lnGD$	0.353* （0.391）	0..358* （0.381）
$\ln PGDP_j$	−0.647** （0.293）	−1.723*** （0.341）
$\ln PGDP_i$	−3.825*** （0.409）	−1.723*** （0.341）
Internet	1.017 （1.021）	3.685*** （1.056）
ln*Trade*	0.363*** （0.126）	0.235*** （0.081）
CPI	−0.007** （0.001）	−0.016** （0.007）
EXR	−0.007 （0.01）	−0.001 （0.001）
contig	2.079*** （0.581）	2.793*** （0.567）
t_n	−2.323*** （0.229）	−
constant	35.409*** （4.125）	21.8723*** （3.136）
R^2	0.52	0.55
N	198	162

注：括号中为标准差，***、**、*分别表示在1%、5%和10%的显著性水平下通过检验

稳健性检验。为了确保结论的可靠性，本文通过调整样本期进行了稳健性检验，对2002—2009年各个变量的数据进行回归，其中将2003年的“非典”、2008年金融危机、2009年的“7・5”事件均作为时间虚拟变量纳入模型，发现文化距离变量在1%的水平上仍具有显著的正向影响。

三、结论与讨论

1.研究结论

本节从地缘关系的视角，利用引力模型分析了客源国（地区）文化距离、制度距离以及地理距离等地缘因素对新疆入境旅游客流量的影响。回归结果表明，文化距离对新疆入境旅游具有显著的非线性影响，即新疆入境旅游需求最初随着文化距离的增加而增加，在达到某个阈值后，将随文化距离的继续增加有所减少。文化距离与人与人之间有一个安全距离一样，小于或大于这个安全距离都会带来不适，即在合适的文化距离范围内，文化差异越大，越能满足旅游者猎奇的需求，从而正向影响旅游者对目的地的选择；另一方面，文化距离越大，旅游者感知到的风险也越大，从而阻碍旅游者对目的地的选择。在此，借鉴刘祥艳、杨丽琼、吕兴洋等学者的研究①，将文化距离对入境游的影响分为成本效应和需求效应。成本效应是指文化距离对入境游客带来的各种不便（比如语言障碍、文化习俗及各种制度的不同等）产生的交易成本，对入境旅游具有抑制作用。需求效应是指文化差异即别具特色的民族风情、风俗习惯等构成旅游吸引力，对新疆入境旅游具有促进作用。在倒U型的左边区间，需求效应对新疆入境旅游的拉动作用大于成本效应的抑制作用，在倒U型的右边区间，成本效应对入境旅游的抑制作用大于需求效应的拉动作用，在倒U型的拐点处，成本效应的抑制作用和需求效应的拉动作用相互抵消。因此，文化距离可以作为新疆细分客源国（地区）市场的重要变量，根据最优文化距

① 刘祥艳，杨丽琼，吕兴洋. 文化距离对我国出境旅游的影响：基于引力模型的动态面板数据分析[J]. 旅游科学，2018，32（4）：60-70.

离确定新疆的目标客源市场。

制度距离变量对新疆入境旅游具有促进作用，制度距离越大越有利于客源国（地区）游客来疆旅游。这意味着，一方面制度越好，产生的比较优势越能吸引一些制度距离较大的国家（地区）的居民入境旅游；另一方面，良好的制度环境可以促进国家或地区之间政治、经济及社会文化活动的交往，有助于促进新疆入境旅游业的发展。对于新疆而言，无论是早期自发的入境购物商贸游还是近年来快速发展的国内口岸观光游，都得益于良好的政治与经济环境[①] 和新疆稳定的社会环境。

乌鲁木齐与客源国（地区）首都（首府）的地理距离对18个国家（地区）入境新疆旅游人次均存在负向效应，表明旅游引力模型具有适用性，即新疆入境旅游存在距离衰减规律；与新疆接壤显著促进影响新疆入境旅游人次增长，这也验证了近年来新疆入境客源地空间结构的变化，即以近邻周边国家和地区为主要客源市场，包括俄罗斯、哈萨克斯坦、蒙古、日本、韩国等。

除距离因素外，客源国（地区）CPI、人均GDP、互联网使用率以及与新疆双边贸易等经济社会发展因素均影响新疆入境旅游人数。值得注意的是，双边贸易流量显著促进新疆入境旅游客流量，即新疆与样本国家（地区）的经贸往来越频繁，双边旅游客流量越大。这一点从中哈霍尔果斯国际边境合作中心设立以来，哈萨克斯坦一跃成为新疆第一大客源国得到验证。此外，社会安全和新冠疫情等重大事件对新疆入境旅游客流量的影响较大。

2.研究不足

本节从地缘关系的视角分析地理距离、文化距离以及制度距离等对新疆入境游客量的影响，但作为新疆邻国和主要客源国的哈萨克斯坦和蒙古国在Hofstede官网上的数据是缺失的，因此，没有纳入所选取的样本国家中，此为本研究的不足之一，随着将来数据可得性的提升，后续研究可以

① 高俊，曹开军，徐明月，等. 新疆边境旅游发展演化特征及其影响因素：霍尔果斯案例[J]. 中国生态旅游，2022，12（3）：442–455.

覆盖更多客源国（地区）；其二是研究数据方面的局限，限于数据的可得性，本研究采用国家（地区）间距离数据分析文化距离和制度距离等对新疆入境旅游的影响，并用我国与客源国（地区）的文化距离代替新疆与客源国（地区）的文化距离，结果可能会产生一定的偏差，且游客的主观感知距离可能跟客观的国家（地区）距离存在差异①，未来研究将基于客源需求视角，进一步分析客源地游客的感知对出境旅游目的地选择的影响。

① BECKERMAN W. Distance and the pattern of inter-European trade[J]. The reviews of economics and statistics, 1956, 38(1): 31-40.

第五章　新疆边境旅游国内市场的特征及需求分析

近年来，随着生活节奏加快，人们对精神文化层面的需求越来越高，而旅游就成为放松和减压的方式。随着旅游出行人员的激增，人们的休闲度假方式也呈现出多样化特征。旅游者在旅游过程中形成的一系列认知和感知，直接影响其旅游体验的质量和满意度，进而影响旅游目的地的可持续发展。及时有效地了解旅游者的感知和影响因素，是实现目的地良好口碑效应和提升旅游竞争力的重要途径。新疆旅游资源丰富，游客需求的增加不仅会为当地带来丰厚的经济收入，刺激旅游业的发展，还会带动相关产业链的快速发展，对优化新疆产业结构、扩大就业，改善民生等有着不可忽视的推动作用。因此，分析和研究不同客源地游客的旅游需求特征、偏好，以及影响旅游者选择目的地的因素，有助于新疆采取积极有效的政策措施，拓展旅游市场、提升旅游综合竞争力，促进新疆旅游业的高质量发展。

一、近年来新疆国内旅游接待情况

（一）新疆国内旅游接待人次及变化分析

2000年到2020年，除个别年份外，新疆国内旅游接待人数总体上呈增长趋势，同时呈现出阶段性特征，并伴随着大起大跌的状况。其中2000年到2002年，国内旅游接待人次稳步增长，涨幅维持在10%左右；2003年受“非典”的影响，增速有所放缓，为4.5%；2004年至2007年，呈高速增长态势，增速都在两位数以上，2007年达28%；2008年受全球性金融危机影响，增速由之前的高速增长下降到3.3%；2009年的“7·5”事件对新疆国内市场影响较大，新疆国内旅游接待人次增速下降了4.4%；2010年，新疆国内游客出现爆发式增长，涨幅高达44.8%，且到2013年间均保持较高的增长态势；2014年受新疆暴恐事件的影响，国内旅游人数出现负增长，降幅达4.9%；2015年至2019年新疆国内旅游迅速恢复了高速增长的态势；2020年由于新冠疫情的蔓延，国内旅游人次骤降，同比下降25.28%。由此可见，新疆国内旅游市场受到国际形势与国内事件的影响（见表5-1）。

表5-1　2000—2020年新疆国内旅游接待人次及增速

年份	国内旅游接待/万人次	增速/%
2000	758.00	9.1
2001	839.30	10.8
2002	967.94	10.3
2003	1011.50	4.5
2004	1241.58	22.7
2005	1465.00	18.0
2006	1661.00	13.4
2007	2126.00	28.0
2008	2195.00	3.3
2009	2098.00	–4.4
2010	3038.00	44.8
2011	3892.00	26.0
2012	4711.00	23.0

续表

年份	国内旅游接待/万人次	增速/%
2013	5048.86	7.2
2014	4802.52	−4.9
2015	5929.00	23.5
2016	7901.00	33.3
2017	10491.00	32.8
2018	15025.00	43.22
2019	21151.00	40.77
2020	15805.00	−25.28

注：数据来自新疆统计部门2000—2020年的数据

（二）各边境地（州、市）国内旅游接待情况

2009—2019年新疆10个边境地（州、市）国内旅游接待规模总体上呈波动上升趋势，其中2009—2012年上升较快，到2012年国内旅游人次占全疆市场份额的85.41%。2013年开始，受一系列安全事件的影响，边境地（州、市）国内旅游接待总人次在全疆占比下降到78.35%，下降了7.06%；尤其是2014年，南疆4个边境地（州、市）的国内旅游接待人数除克州小幅上涨外，其他3个地（州、市）均出现了较大幅度的下降（见图5–2）。2014年第二次中央新疆工作会议以来，从国家到自治区层面出台了一系列促进边境旅游和新疆旅游业发展的政策措施，新疆各边境地（州、市）国内旅游接待人次均呈飞速上涨趋势，2019年占全疆比例高达91.62%（见图5–1）。

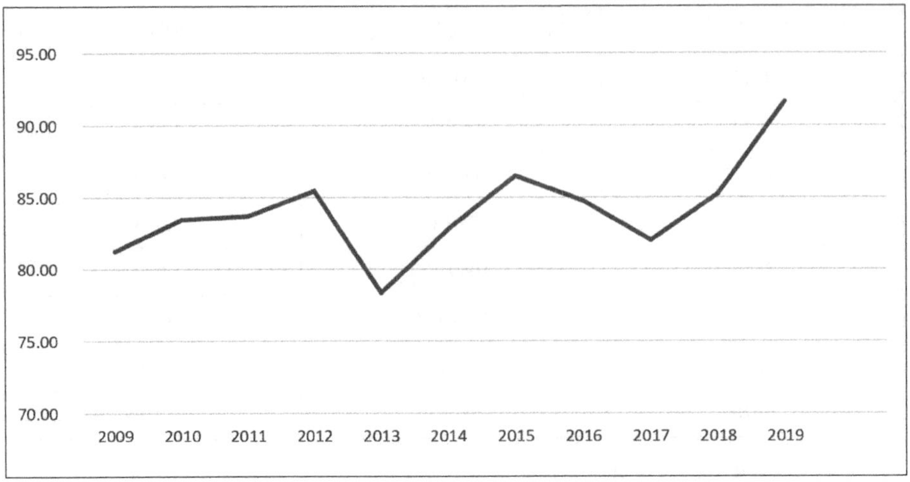

图5-1　新疆边境地（州、市）国内旅游接待人次占全疆的比例

注：图中纵轴数据单位为%

横向比较（见图5-2），各边境地（州、市）国内旅游接待人次存在较大差异，其中接待人次最多的是昌吉州、伊犁州直属县（市）和阿勒泰地区，2009—2019年在全疆平均占比分别为22.12%、23.19%和12.7%，总计占全疆50%以上。这三个地区拥有良好的旅游资源禀赋，各有2个国家级5A景区，是吸引游客的重要因素之一；此外，昌吉州地理区位优越，距离自治区首府乌鲁木齐仅30多公里，交通便利，2016年前，国内旅游接待人次居各边境地（州、市）之首。其次是喀什地区、哈密市、阿克苏地区、博州，在全疆占比分别为7.87%、5.86%、5.56%、4.08%；国内旅游人次最少的是和田地区、塔城地区、克州，市场份额仅为2.02%、1.74%、1.59%。（见图5-3）

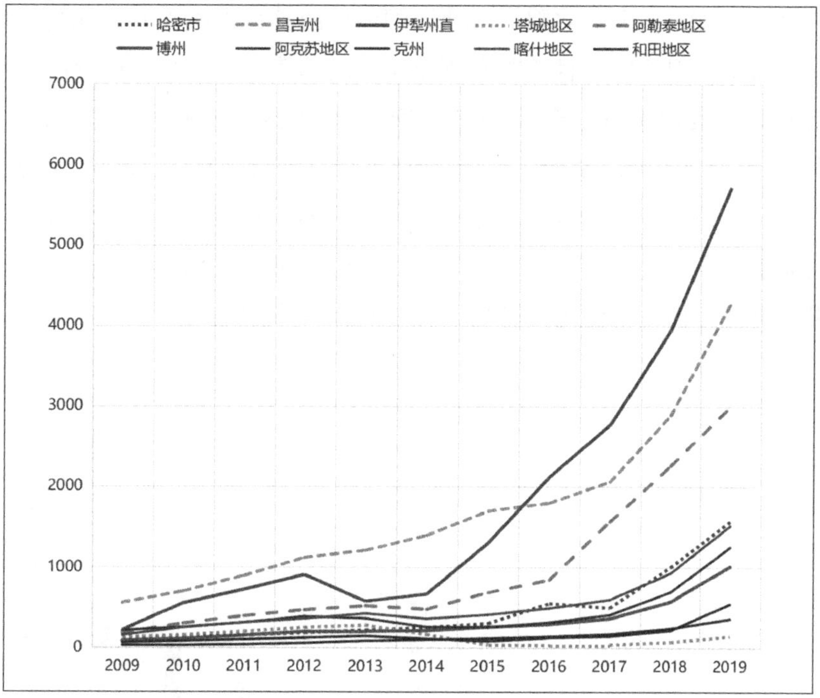

图5-2　2009—2019年新疆各边境地（州、市）国内旅游接待情况

注：图中纵轴单位为万人次

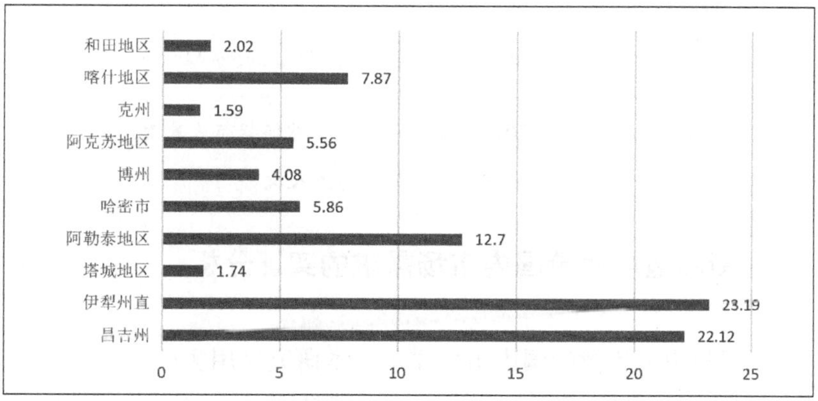

图5-3　2009—2019年新疆各边境地（州、市）国内旅游平均接待人次在全疆占比

注：图中横轴单位为%

横向比较，从南、北疆边境地区国内旅游接待人次来看，北疆边境地区明显高于南疆地区，且差距有逐年拉大的趋势（见图5–4）。究其原因，一是从旅游资源来看，全疆15个国家5A级景区中，有9个在北疆、5个在南疆、1个在东疆，高级别的旅游景区多分布在北疆；二是从旅游交通方面，北疆距内地或乌鲁木齐相对较近，交通相对便利；三是北疆地带经济发展水平高于南疆地带与东疆地带，南疆地带发展相对滞后，在提供各种设施支持方面，南疆地带落后于北疆地带与东疆地带。

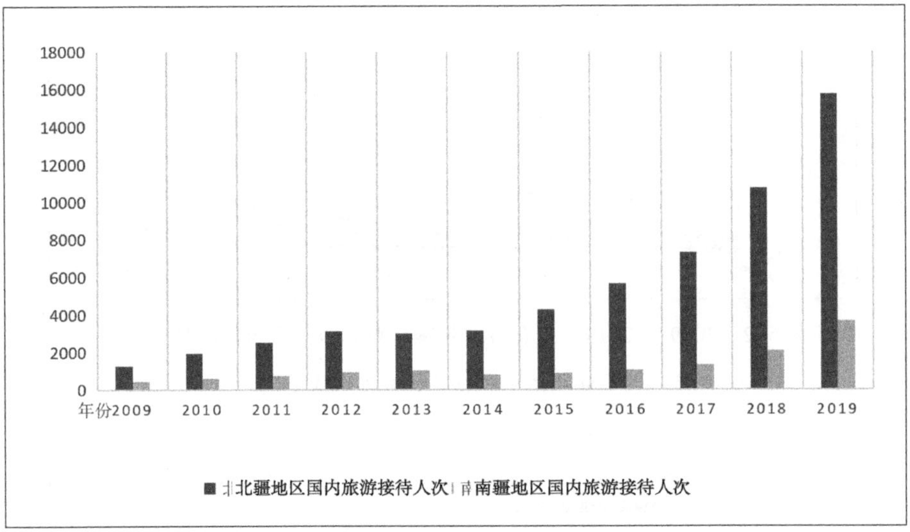

图5–4　2009—2019年南、北疆国内旅游接待人次对比

注：图中纵横单位为万人次

二、新疆边境旅游国内市场需求的实证分析

对于新疆边境旅游的国内市场需求，本研究采用实证分析的方法，选取新疆两个旅游资源丰富、口岸优势明显的代表性口岸或地区：北疆的霍尔果斯口岸和南疆的喀什地区。选择这两个口岸作为案例地的原因是，一是霍尔果斯口岸是目前我国西部最大的公路交通口岸，是中哈两国开放的

一类通商口岸，旅游发展和新疆“沿边开放”几乎同时进行，是新疆边境旅游发展的典型代表；区域内的中哈霍尔果斯国际边境合作中心（以下简称“合作中心”）是中国与他国建立的首个跨境经济合作区，近年来依托免签入境、跨境旅游、免税购物等优惠政策，合作中心观光购物旅游十分活跃，也是新疆边境旅游的热点。二是喀什作为南疆地区的政治、经济、文化中心，也是新疆的全国历史文化名城，其传统文化已成为新疆维吾尔族文化的典型代表。霍尔果斯口岸所在的伊犁州和喀什地区有五个开通的国家一类口岸，具有“五口（岸）通八国、一路连欧亚”的口岸集群优势和独特区位优势，是新疆着力建设的丝绸之路文化和民俗风情旅游目的地。

笔者分别于2016年、2017年和2018年暑期赴新疆进行了实地调研，先后走访了口岸办、旅游局、文化厅、海关、边检等相关部门，以及霍尔果斯、喀什等主要一类口岸和地区，访谈主要围绕边境旅游政策、旅游发展情况、文旅产业、跨境旅游合作、存在问题等议题展开。此外，还实地走访口岸地区的主要旅游景点、酒店、民宿与各地游客等进行交流，并选取中哈霍尔果斯国际边境合作中心和喀什老城等接待游客较多的地区，对国内游客进行现场问卷调查、访谈。通过国内游客客源地构成、旅游目的、消费特征、旅游组织方式、满意度等的分析，总结新疆边境地区国内游客的需求特征、影响游客选择目的地的主要因素，为新疆边境旅游的市场定位、潜力开发以及科学规划提供参考依据。

（一）霍尔果斯口岸边境旅游的国内游客需求特征

1. 区域概况

霍尔果斯口岸位于新疆伊犁州霍尔果斯市境内，与哈萨克斯坦接壤，为国家一类陆路口岸，距离州府伊宁市90公里，距离中亚中心城市、哈萨克斯坦原首都阿拉木图378公里，距哈萨克斯坦雅尔肯特市35公里，是我国西部最早开放，面向中亚、西亚乃至欧洲的国家一类陆路口岸，口岸所在地霍尔果斯市地处中亚的中心地带、欧亚经济板块的中心位置，对外覆盖1000公里以内的区域是中亚地区人口稠密区、经济发达区和市场中心，为充分利用“两种资源、两个市场”，开展跨境旅游提供了得天独厚的条件。

2.霍尔果斯口岸旅游业发展情况

霍尔果斯口岸旅游业起步较晚，1988年以前，旅游活动较少，处于自发、零星状态。国内游基本上是当地机关、团体组织本单位人员到附近自然风光优美的地方春游、秋游，或是家人、朋友结伴游玩。国外游客主要是从霍尔果斯等口岸入境的少数苏联客商。1991年，苏联解体后，其各加盟共和国纷纷独立，由于人民生活急需的轻工业产品严重短缺，急需大量进口，所以霍尔果斯口岸便成为其进口商品最便捷的渠道，也由此步入了前所未有的快速发展阶段。

1992年8月，中哈两国政府同意该口岸向第三国开放，允许第三国人员、交通工具和货物通行，霍尔果斯口岸成为常年开放口岸。中亚各国以及俄罗斯的客商大批涌向这里，霍尔果斯每天都有客商熙熙攘攘，车辆川流不息。伊宁市几个定点对外接待宾馆也天天爆满。

2001年以来，霍尔果斯口岸向国家申报并获准哈萨克斯坦公民免签入境购物政策，建立了边境互市贸易区，开放了国门景点并完善了配套设施建设，打造了中哈商品一条街，初步形成了以国门景点参观、购物旅游为基础的旅游业发展平台。

2004年9月，中哈两国政府签订了《中华人民共和国政府和哈萨克斯坦共和国政府关于建立“霍尔果斯国际边境合作中心”的框架协议》，2005年7月，两国政府签署《中华人民共和国政府和哈萨克斯坦共和国政府关于霍尔果斯国际边境合作中心活动管理的协定》。2006年3月，国务院对合作中心及配套区的功能定位、优惠政策等方面作出明确批复，即集加工制造、货物中转、金融服务和旅游休闲等功能于一体的综合性国际贸易中心。2006年6月，合作中心正式开工建设，2011年12月正式封关运营，总面积4.63平方公里，其中中方区域3.43平方公里，哈方区域1.2平方公里。近年来，霍尔果斯口岸紧紧围绕中哈霍尔果斯国际边境合作中心项目着力打造旅游特区，推进旅游产业化进程，使旅游业在资源整合中稳步增长。据统计，2014年以来边境合作区日均接待旅游、购物等各类游客约1万人次，最多时一天可达2万人次。

2010年5月，中央提出将霍尔果斯口岸设立为霍尔果斯经济开发区，给予特殊的政策，并提出将其建设成为新疆向西开放的“桥头堡”，这为霍尔果斯推进边境旅游奠定了良好的基础。霍尔果斯依托自身优势，利用国门和中亚五国风情等优势资源，通过开发建设，旅游交通、设施、环境得到了显著改变，旅游氛围日益浓厚，口岸旅游形象不断提升，已初步形成集游览观光、边境历史文化体验、合作中心跨境游、免税购物游等功能于一体的热门旅游景区、边境旅游和跨境旅游目的地。目前，以国门景点、边民互市贸易中心、国际旅游商贸城为主体的边境旅游，已成为伊犁黄金旅游线路赛里木湖—霍尔果斯—伊宁—那拉提的重要组成部分。口岸旅游业也获得迅猛发展，统计数据显示，2019年1—6月，霍尔果斯累计接待中外游客319.2万人次，同比增长66.3%，实现旅游收入50.47亿元，旅游业已成为推动霍尔果斯口岸经济发展的支柱产业。

笔者调研霍尔果斯口岸时，相关负责人曾介绍：霍尔果斯在苏联解体后发展迅速，但是发展不够理想。真正发展速度加快是在合作中心批了以后，特别是最近几年，每天来合作中心的客人较多，中方每天约20000人，哈方3000人，随着合作中心的发展，人员流动会更加频繁，也会更多。

另一位同志介绍：霍尔果斯以前是一个边境口岸、一个城镇，现在已成为一个新兴的外向型边境城市。我们的发展定位也突出了旅游，就是要发展成一个旅游城市，把霍尔果斯打造成“四港一谷”中的旅游谷，一个辐射全国乃至中亚的旅游谷。

3. 霍尔果斯口岸旅游者动机、感知和满意度的实证研究

（1）问卷设计

针对来霍尔果斯口岸旅游的国内游客的问卷内容分为三部分：第一部分为被调查者的个人信息，包括性别、年龄、受教育程度、职业、客源地等基本信息；第二部分是口岸旅游的偏好调查，包括旅游目的、交通方式、住宿、消费等内容；第三部分是游客对霍尔果斯口岸旅游的满意度与影响因素调查。

（2）调查地点

选取中哈霍尔果斯国际边境合作中心对在口岸边境旅游的国内游客进行调查。霍尔果斯国际边境合作中心实行“境内关外”优惠政策，目前入驻商户5000余家，中哈两国公民或第三国公民、车辆、物资只要持有效证件，或者持身份证在霍尔果斯行政服务大厅办理短期通行证，就可以进入合作区。

据统计，到中哈霍尔果斯国际边境合作中心旅游和购物的人员占霍尔果斯口岸旅游接待人次的90%以上，故选择合作中心的游客作为被调查对象极具代表性。

（3）数据收集

问卷调查于2017年7月24—26日开展，选取霍尔果斯国际边境合作办证中心、候车区入口以及免税区等地对国内游客进行随机拦访，发放问卷200份，回收194份，回收率97%。

（4）结果分析

①口岸旅游者的人口学特征

从调查的人口学特征来看（见表5-2），在本次研究抽样的194份有效问卷中，男性游客与女性游客比例相近，分别占51%和49%；从年龄来看，15—44岁的游客占了78.8%，其中15—24岁的游客占比最高，为29.4%，其次为35—44岁的游客，占27.8%，接下来是25—34岁的游客，占比为21.6%。年龄在45—64岁的占15.5%，14岁以下以及65岁以上所占比重较小，共占5.7%；可以看出，中青年和学生为合作中心游客的主力。在受教育程度方面，大学及大专学历占49.5%，其次为高中及中专，占33.0%，这两个学历层次占了样本总数的82.5%。表明青年人、受教育程度较高的游客对口岸及购物旅游更感兴趣。从职业构成来看，排名前三位的分别是机关事业单位、学生和个体，分别占样本总数的28.9%、25.8%和23.2%，公司商务人员的占比为11.3%。月收入在3000—10000元的人员较多，占样本总量的54.6%，其次为2000元以下的游客，占26.3%，这部分游客以学生为主。

表5-2　样本的人口统计学特征

人口统计变量	类型	样本数	占比/%	类型	样本数	占比/%
性别	男	99	51	女	95	49
年龄	14及以下	5	2.6	15—24	57	29.4
	25—34	42	21.6	35—44	54	27.8
	45—64	30	15.5	65及以上	6	3.1
受教育程度	小学及以下	6	3.10	初中	22	11.3
	高中及中专	64	33.0	大学及大专	96	49.5
	研究生	6	3.1	–	–	–
职业	机关事业单位	56	28.9	公司商务人员	22	11.3
	个体	45	23.2	退休	10	5.2
	学生	50	25.8	打工者	5	2.6
	其他	6	3.0	–	–	–
月收入	10000元以上	25	12.9	2000—2999元	12	6.2
	5000—10000元	48	24.7	2000元以下	51	26.3
	3000—4999元	58	29.9	–	–	–

②客源市场地域分布特征

将游客客源地进行归类汇总，按区域大致分为新疆游客与疆外游客，疆外游客按东部、中部和西部地区划分（见表5-3），其中新疆游客又分为伊犁州本地游客和伊犁州以外的其他新疆游客，东、中、西部地区按区域和省份进行统计。从客源市场的地域分布来看，被调查者中绝大部分游客来自西部地区，占样本总数的73.2%，而西部地区中以新疆本地游客为主，占样本总数的57.7%，其中伊犁州本地游客约占新疆游客的三分之一。其次是东部地区，占比为14.4%，其中长三角、京津冀游客分别占5.2%和5.7%。中部地区游客占12.4%。

总体来看，霍尔果斯口岸购物的游客一半以上来自周边和新疆本区，东、中、西部地区游客占比较低，尤其是东部发达省份，以及长三角、京津冀等地的游客较少，说明口岸购物旅游对发达地区的游客吸引力较小。从客源所在的省份来看，除新疆外，河南与陕西的游客较多，分别占样本总数的6.7%和5.7%，其次为四川、湖北，河北、重庆，占比均达3%以上。

表5-3　样本的客源地分布情况

<table>
<tr><th>区域</th><th colspan="2">省份</th><th>样本数</th><th>小计</th><th colspan="3">占比/%</th></tr>
<tr><td rowspan="7">西部</td><td rowspan="2">新疆</td><td>伊犁州</td><td>39</td><td rowspan="2">112</td><td>20.1</td><td rowspan="2">57.7</td><td rowspan="7">73.2</td></tr>
<tr><td>新疆其他地区</td><td>73</td><td>37.6</td></tr>
<tr><td colspan="2">陕西</td><td>11</td><td rowspan="5">30</td><td colspan="2" rowspan="5">15.5</td></tr>
<tr><td colspan="2">甘肃</td><td>3</td></tr>
<tr><td colspan="2">贵州</td><td>2</td></tr>
<tr><td colspan="2">重庆</td><td>6</td></tr>
<tr><td colspan="2">四川</td><td>8</td></tr>
<tr><td rowspan="3">中部</td><td colspan="2">河南</td><td>13</td><td rowspan="3">24</td><td colspan="3" rowspan="3">12.4</td></tr>
<tr><td colspan="2">湖北</td><td>8</td></tr>
<tr><td colspan="2">湖南</td><td>3</td></tr>
<tr><td rowspan="3">东部</td><td rowspan="3">长三角</td><td>广东</td><td>2</td><td rowspan="3">7</td><td colspan="2" rowspan="3">3.6</td><td rowspan="3">14.4</td></tr>
<tr><td>福建</td><td>3</td></tr>
<tr><td>山东</td><td>2</td></tr>
</table>

续表

区域	省份		样本数	小计	占比/%	
东部	长三角	江苏	5	10	5.2	14.4
		浙江	3			
		上海	2			
	京津冀	北京	3	11	5.7	
		天津	1			
		河北	7			

③霍尔果斯口岸旅游者的偏好特征（需求特点）

通过对调查问卷的统计（见图5–5），在霍尔果斯口岸旅游的国内游客中，选择观光游览的占66.0%；购物占26.8%；选择休闲度假的占26.3%；探亲访友者占10.3%；选择民俗体验的占8.2%；选择文化交流、商务、探险猎奇等目的的比例较小，分别为5.7%、5.7%和1.0%。可见，霍尔果斯口岸国内观光游客居于主体地位。其次为购物和休闲度假，其中购物旅游市场发展潜力较大。从不同目的所面向的群体来看，以购物为目的的以新疆本地游客为主；选择文化交流的以34岁以下的青年人为主；选择商旅的主要为个体人员或公司商务人员。

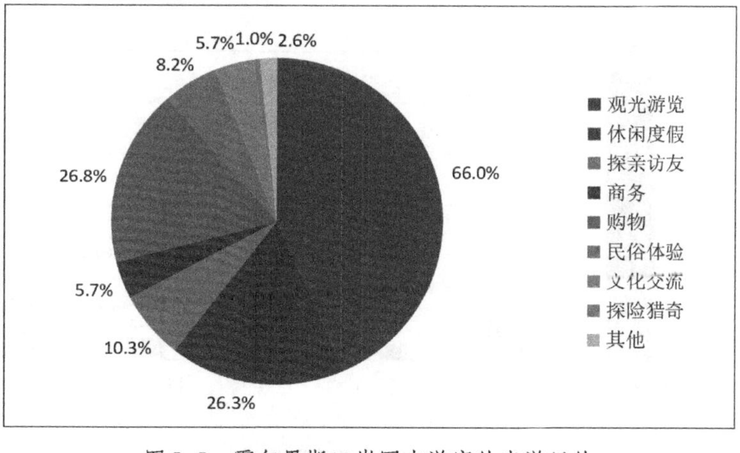

图5–5　霍尔果斯口岸国内游客的出游目的

注：因旅游者的调查问卷为多选项，各选项占比单独统计，因此各项占比相加会大于100%（下同）

在出游方式选择方面，选择自助方式出游的占81.4%，而团体出游仅占11.3%，半自助出游为7.3%（见表5-4），说明人们更加倾向于自主选择出游时间和出游安排。

表5-4 霍尔果斯口岸国内游客的出游方式

旅游方式	样本数	占比/%
自助出游	158	81.4
半自助出游	14	7.3
团体出游	22	11.3

在获取霍尔果斯口岸旅游相关资讯的渠道方面（见图5-6），56.7%的游客选择亲友介绍，说明霍尔果斯口岸具有较好的口碑效应，国内游客的认可度较高；选择互联网的游客占41.8%，自媒体时代，游客很容易从其他游客的评价中获取相关信息；选择广播电视的占13.4%、报刊的占4.1%、旅行社的占3.1%，选择其他渠道的占6.7%。霍尔果斯口岸旅游者获取信息的主要渠道以亲友介绍和互联网为主，霍尔果斯口岸旅游的市场宣传有待加强。

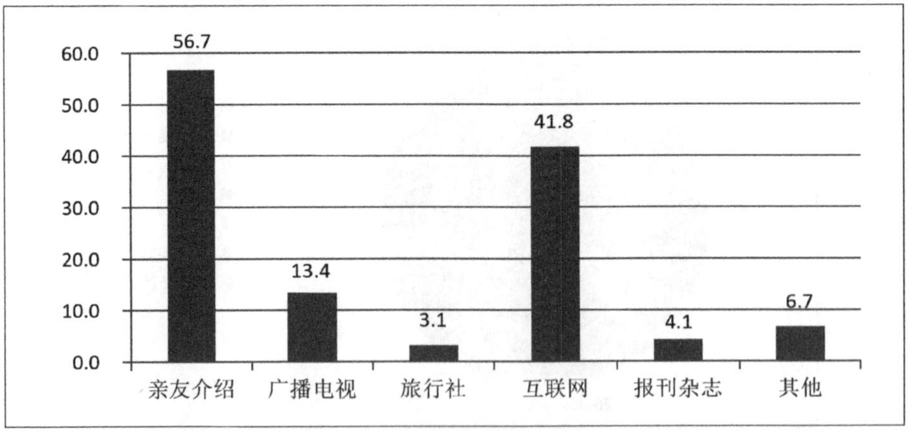

图5-6 霍尔果斯口岸国内游客获取旅游相关资讯的渠道

注：图中纵轴数据单位为%

在旅游交通工具选择方面（见表5-5），以飞机为主要交通方式的占15.5%，以火车为主要交通工具的超过9.3%，而选择纯自驾的旅游者达37.6%，这与客源主要来自新疆本地密切相关，疆内游客更倾向于选择汽车、火车、自驾等经济实惠、灵活便捷的交通方式。同时，自驾正成为国内游客的主要出行方式之一。

表5-5　霍尔果斯口岸国内游客的交通方式

交通方式	样本数	占比/%	交通方式	样本数	占比/%
飞机	30	15.5	火车	18	9.3
飞机+火车/汽车	13	6.7	火车+汽车	7	3.6
飞机/火车/汽车+自驾	14	7.2	汽车	34	17.5
自驾	73	37.6	骑行	4	2.1
自驾+骑行	1	–	–	–	–

在旅游资源偏好方面（见表5-6），选择自然风光的游客占被调查者总数的53.1%，选择国门、界碑的相应比例为43.3%，选择民俗风情的相应比例为33.0%，选择异域风情的相应比例为28.4%，选择历史文化的相应比例为17.5%，选择文物古迹的相应比例为8.8%，选择其他的相应比例为3.1%。可以看出，霍尔果斯对游客吸引力较大的是自然风光、边境特色、异域风情和边关历史文化。从不同客源市场来看，东部地区的游客更偏好自然风光、国门界碑、文物古迹；长三角地区的游客更倾向于自然风光、异域风情和民俗文化；京津冀地区的游客则偏好自然风光、边境特色和民俗风情；西部地区游客除自然风光外，对民俗风情、国门界碑和异域风情较感兴趣。

表5-6　游客对霍尔果斯口岸旅游资源的偏好

旅游偏好	样本数	占比/%
自然风光	103	53.1

续表

旅游偏好	样本数	占比/%
国门界碑	84	43.3
民俗风情	64	33.0
异域风情	55	28.4
历史文化	34	17.5
文物古迹	17	8.8
其他	6	3.1

在消费特征调查中，要求游客对餐饮、住宿、交通、购物和门票等项目的消费进行排序。为统计方便，上述项目按排序给予相应的分值，5分表示消费最高、1分表示消费最低。统计显示（见表5-7），总体来看，消费从高到低分别是交通、餐饮、购物、住宿和门票。从不同客源地来看，交通费用构成疆外游客最大的消费支出，其次是住宿和餐饮；而新疆本地游客的消费主要集中在住宿、餐饮和购物方面，购物消费较高的主要来自霍尔果斯周边或新疆其他地区，以购物、观光、休闲为主要目的。根据对被调查者的消费排序，交通消费占比较高的有49.5%，以疆外游客为主，交通工具主要是飞机或自驾；购物消费占比较高的占样本总数的41.2%，主要来自霍尔果斯周边或新疆其他地区，以观光、购物或休闲为主要目的，交通工具主要是火车、汽车或自驾；将住宿和餐饮消费排在首位的占9.3%，以新疆本地游客为主；总体来看，霍尔果斯口岸的国内游客交通和购物消费占比较高，其次是住宿、餐饮和门票。在不同地域的游客中，广东、福建、山东等东部地区的游客交通消费和门票消费占比较高；长三角地区的游客消费主要集中在交通和食宿方面，门票和购物消费较低；京津冀地区的游客交通消费和购物消费占比较高。从不同年龄游客的消费特征来看，15—24岁的游客在交通和购物项目上消费较多，而门票相对花费较少；25—44岁游客的消费项目从高到低排序依次为交通、购物、餐饮、住宿和门票；35—44岁的游客消费项目排序为交通、购物、

住宿、门票和餐饮；45 — 64岁游客消费项目排序则为交通、住宿、门票、购物和餐饮。

表5-7　霍尔果斯口岸旅游者的消费特征

项目	交通	餐饮	购物	住宿	门票
平均分值	3.58	3.28	3.14	3.08	2.54
空白（样本数）	23	31	27	34	32
问卷有效率（%）	88.3	84.2	86.2	82.6	83.7

④游客满意度

采用李克特5级量表对被访者在霍尔果斯的住宿、餐饮、交通、购物、景区、民俗等进行满意程度评价。分值从5 — 1分别代表非常满意、满意、较满意、一般、不满意5个等级。统计显示（见表5-8），六个项目较满意及以上均在80%以上，其中满意度最高的是民俗，满意及非常满意程度达81%，被调查者中有62.1%的游客表示非常满意；其次是景区和交通，满意及以上分别为75.7%和73%；住宿、餐饮分别为63.2%和62%。比较而言，满意度最低的是购物，满意及以上为58.0%。分地区来看，长三角地区的游客对住宿、餐饮的满意度较高，而对购物的满意度较低；京津冀地区的游客对民俗和景区的满意度较高，而对住宿、餐饮和购物的满意度较低。

表5-8　游客对霍尔果斯口岸旅游的综合满意度

项目	非常满意/%	满意/%	较满意/%	一般/%	不满意/%	空白（样本数）	问卷有效率/%
住宿	38.0	25.2	23.9	10.4	2.5	33	83.2
餐饮	40.4	21.6	26.3	9.4	2.3	25	87.2
交通	42.5	30.5	17.2	8.0	1.7	22	88.8
景区	49.7	26.0	17.8	4.6	0.0	27	86.2
民俗	62.1	18.9	13.6	3.6	2.1	27	86.2
购物	29.0	29.0	25.0	12.2	4.6	24	87.8

就不同年龄段游客对中哈霍尔果斯国际边境合作中心购物的满意度调查情况来看，24岁以下的游客购物满意度较高（见图5–7），满意及非常满意达63.2%；45—64岁游客的满意度最低，为36.7%。不同职业的游客中（见图5–8），学生、打工者以及公司商务人员对购物的满意度较高，分别为62.0%、60.0%和54.5%，说明边境购物旅游对以学生和打工者为主的青年人以及商务人员有吸引力；而机关事业单位和退休人员的满意度相对较低，在43.0%以下。地域方面，新疆本地游客对购物的满意度高于疆外游客（见图5–9）。

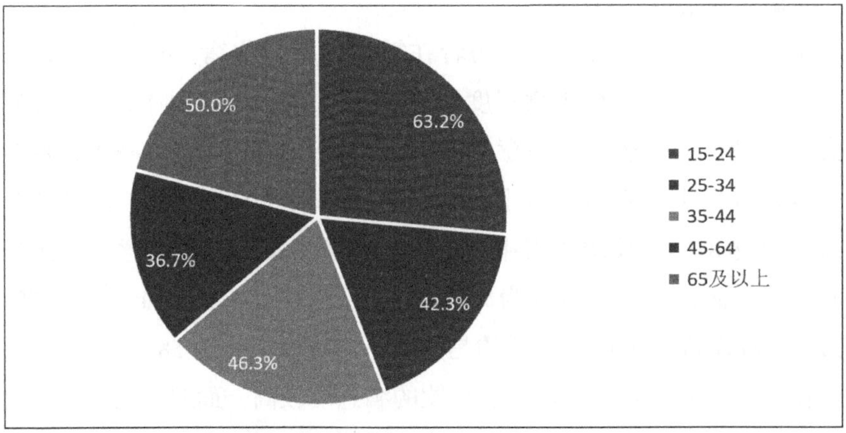

图5–7　不同年龄游客对口岸购物的满意度

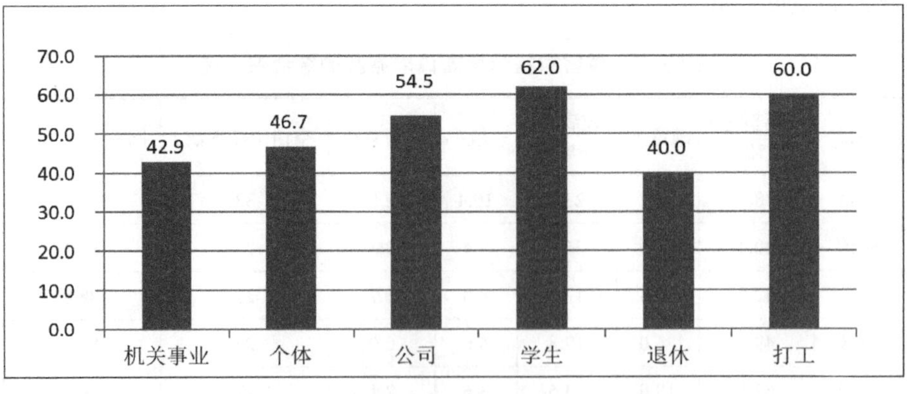

图5–8　不同职业者对口岸购物的满意度

注：图中纵轴数据单位为%

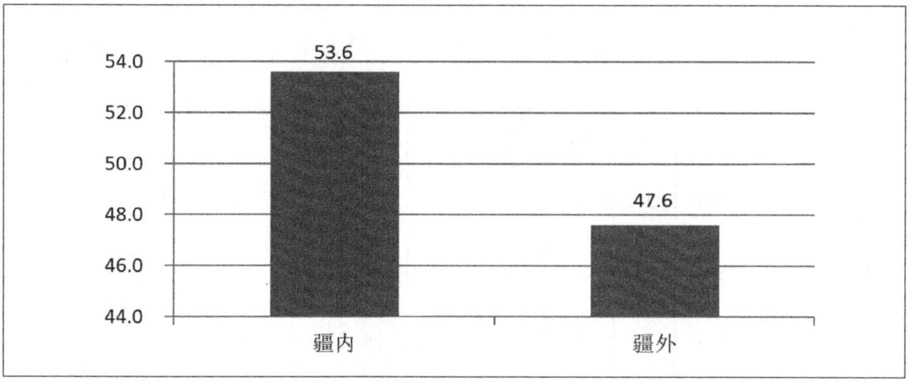

图5-9　不同地域游客对口岸购物的满意度

注：图中纵轴数据单位为%

⑤游客选择目的地意愿的影响因素

采用李克特5级量表对相关因素对霍尔果斯口岸游客的影响程度进行评定。分值从5到1，分值越高表明影响程度越高，从5到1分别表示非常重要、比较重要、一般、不太重要、不重要。统计显示（见表5-9），有近61.7%的游客将安全作为其决策的首要考虑因素，13.3%的游客认为安全比较重要；旅游资源对其选择目的地的影响较大的有68.8%；62.7%的游客认为目的地的气候条件对其决策影响较大；将交通成本作为重要考虑因素的占55.1%（非常重要和比较重要占比之和）。

表5-9　霍尔果斯口岸游客旅游意愿的影响因素

影响程度	非常重要		比较重要		一般		不太重要		不重要		空白	问卷有效率/%
影响因素	样本数	比例/%	样本数	比例/%	样本数	比例/%	样本数	比例/%	样本数	比例/%	样本数	
旅游资源	102	52	33	16.8	25	12.8	10	5.1	7	3.6	16	92
气候	89	45.4	34	17.3	35	17.9	13	6.6	6	3.1	19	90
基础设施	50	25.5	53	27	44	22.4	13	6.6	11	5.6	25	87

续表

影响程度	非常重要		比较重要		一般		不太重要		不重要		空白	问卷有效率/%
影响因素	样本数	比例/%	样本数	比例/%	样本数	比例/%	样本数	比例/%	样本数	比例/%	样本数	
区位条件	56	28.6	37	18.9	40	20.4	22	11.2	18	9.2	23	88
交通成本	67	34.2	41	20.9	35	17.9	23	11.7	11	5.6	19	90
费用	42	21.4	53	27	58	29.6	18	9.2	8	4.1	17	91
时间	63	32.1	30	15.3	40	20.4	18	9.2	21	10.7	24	88
通关手续	56	28.6	32	16.3	42	21.4	19	9.7	21	10.7	26	87
安全	121	61.7	26	13.3	16	8.2	9	4.6	6	3.1	18	91

⑥小结

通过以上对霍尔果斯口岸国内客源市场的人口统计学特征、地域分布特征、旅游偏好以及旅游目的地选择意愿的影响因素分析可知：第一，在人口学统计特征方面，男性游客与女性游客比例相近，15—44岁的学生、个体和机关事业单位人员为口岸旅游的主体。从客源市场的地域分布来看，霍尔果斯口岸国内游客一半以上来自新疆本地，其次为西部地区其他省份，东部、中部、长三角、京津冀地区游客占比相对较低，疆外市场有待进一步开发。第二，在游客的偏好方面，以观光游览、购物和休闲度假为目的的游客为主，其中以购物为目的的游客以新疆本地的游客尤其是学生为主；霍尔果斯口岸旅游者获取信息的主要渠道以亲友介绍和互联网为主，通过广播电视、报刊等渠道获取的较少，市场宣传有待加强。疆外游客的主要交通工具以飞机和自驾车为主，疆内游客以汽车、火车等以及自驾车为主，自驾旅游成为新疆国内游客的主要交通方式。第三，在旅游地的吸引力方面，自然风光、边境特色、异域风情和边关历史文化以及口岸购物对游客的吸引力较大。根据对被调查者的消费排序，交通和购物消费占比较高，其次是住宿、餐饮和门票。国内游客对霍尔果斯口岸旅游满意度评价中，疆外游客对民俗、景区和交通的满意度高于住宿、餐饮和购物；在口岸购物旅游中，新疆本地游客对购物的满意度高于疆外游客，学生、打工者以及公司商务人员对购物的满意度高于机关事业单位和退休人员；24岁以下的游客购物满意度最高，而45—64岁游客的购物满意度最低，原因是商品种类不够繁多、特色不突出、价格优势不明显。第四，游客对霍尔果斯口岸旅游意愿的影响因素按重要程度依次为目的地安全、旅游资源、气候条件、交通成本、费用、时间、基础设施、区位条件和通关手续，其中安全因素和霍尔果斯口岸的资源特点是游客最为关注的部分。

（二）喀什地区边境旅游的国内游客需求特征

1. 区域概况

喀什地区是我国最西部的行政区，古称疏勒，地处欧亚大陆中部，四季分明，气候常年干燥。全区总面积16.2万平方公里，下辖喀什市、疏附县、疏勒县、英吉沙县、伽师县、岳普湖县、巴楚县、麦盖提县、莎车县、泽普县、叶城县和塔什库尔干塔吉克自治县等1市11个县。根据第七次全国人口普查数据，喀什地区常住人口为449.64万人，其中，维吾尔族占92.56%。喀什是我国通往中亚、南亚、西亚乃至欧洲的国际大通道。喀什市是喀什地区行署所在地，是喀什政治、经济、文化中心，也是新疆重要的历史文化名城。

在2017年的座谈中，喀什旅游部门相关负责人介绍：喀什具有悠久的文化历史，多维吾尔族居住。北疆以风景著称，南疆以风情著称，即人的文化。2015年喀什噶尔古城被评为全国5A级景区，人们不仅生活在古城，也在古城做生意。房子一般两层，下层做生意，上层居住。维吾尔族是一个好客的民族。喀什旅游速度逐年增快，乡镇旅游也渐渐开展。一般游客来了先到喀什古城游玩，然后去乡里或其他地方。

喀什噶尔古城自建城以来，历经千百年风雨，依然保持着其鲜活的生机和鲜明的个性。而这种个性也随着喀什的不断发展而延续，是蕴含千百年丝路时光的“活记忆体”。由于东西方文化的交流、多民族的共同创造以及悠久历史的积淀，喀什噶尔古城成了非物质文化集聚的重要基地。

2.喀什地区旅游资源特点

喀什，是维吾尔语“喀什噶尔”音译的简称，意为“各色砖房”“玉石集中之地”。喀什历史悠久、文化底蕴深厚、文化多元、民族特色浓郁，旅游资源丰富。作为国家历史文化名城，古丝绸之路上的商埠重镇和最具维吾尔风情的国际旅游胜地，喀什拥有2100多年的历史，荟萃了印度文化、波斯文化、阿拉伯文化、古希腊文化、古罗马文化和中原文化，融合了东西方文化的特征，萨满教、佛教、基督教和伊斯兰教等几大宗教在此碰撞；喀什也是维吾尔民族文化的发祥地，保留了完整的维吾尔族自然生存风貌和社会生活形态，集中展现了维吾尔民族风情、文化艺术、建设风格的特色和精华，堪称新疆维吾尔族生活的百科全书。喀什老城、高台民居是目前国内唯一保存完整的迷宫式城市街区；热情奔放的音乐歌舞、庄重热闹的节庆活动、气氛热烈的婚嫁习俗、色彩鲜艳的民族服饰传承至今；维吾尔乐器、地毯、土陶等手工艺品极具特色；拉面、抓饭等风味饮食味道淳正。因此，获得“不到喀什，就不算到新疆”的美誉。

喀什非物质文化遗产众多，拥有世界级非物质文化遗产1项、国家级21项、自治区级70项、地区级156项。其中喀什老城景区、香妃故园、艾提尕尔清真寺等均为国家级乃至世界著名旅游景区。世界遗产考察组实地考察古城后指出：“喀什是丝绸之路上一座闻名中外的历史名城，申报世界遗产没有喀什不可想象。”

喀什风光奇特，有号称世界屋脊的帕米尔高原、世界第二高峰——乔戈里峰、世界第二大流动沙漠——塔克拉玛干大沙漠、明媚秀丽的高山湖泊——卡拉库里湖等自然景观。

喀什有中巴红其拉甫、中塔卡拉苏国家一类口岸。其中红其拉甫口岸是改革开放以来新疆最早对外开放的口岸，国际知名度高，国内外的旅游者比较多，近年来被评为中国红色旅游边陲文化体验地。

3.喀什开展边境旅游的区位优势

喀什拥有通往中亚、南亚、西亚和欧洲以及连通2个十多亿人口大市场最便捷的国际大通道，从喀什市向南有中巴国际公路，向北、西有两条公路经吐尔尕特口岸通往国外；以喀什为起点的“中吉乌”铁路、“中巴”铁路建设，将连通第二座亚欧大陆桥，成为中国能源通道的最大铁路枢纽；喀什到新德里、伊斯兰堡、杜尚别、比什凯克等周边国家首都，公路运输距离比到乌鲁木齐还近，航空时间均在一个半小时以内。作为新疆第二大航空港和口岸机场，喀什国际航空港有通往北京、上海、深圳、广州等地的直飞航班，并与巴基斯坦、吉尔吉斯斯坦等周边国家主要城市开通了货运直线航班。“丝绸之路经济带”和“中巴经济走廊”两大战略的实施也将成为喀什的交通经济带，为喀什的沿边开放和旅游发展提供新的机遇。从疆内来看，喀什是南疆的交通枢纽，公路四通八达，全区12个县（市）均通汽车；南疆铁路、喀和铁路、314国道、315国道、中巴公路构成喀什与乌鲁木齐和周边国家主要城市的便捷陆运交通体系。

4.喀什地区旅游业发展现状

近年来，喀什地区高级别景区数量逐年增长，截至2020年年底，共有A级景区52家，其中4A级7处，5A级3处，位居全疆第一；星级宾馆、旅行社分别为27家、34家；旅游接待人次快速增长，2020年全区接待游客1632.2万人次，比上年增长7.6%，占全疆总接待人次的10.32%（见表5-10）。值得注意的是，喀什地区星级农（牧）家乐快速增长，吸引了越来越多的游客来体验民风民俗。此外，喀什还利用地缘优势大力发展边境商贸旅游，打造商务会议会展品牌，如中国新疆喀什·中亚南亚商品交易会、喀什中亚南亚经济发展论坛、喀什中亚南亚商品洽谈会暨商品展销会、喀什国际旅游节、卡拉奇·中国新疆喀什商品展销会、杜尚别·中国新疆喀什商品展销会等，每年吸引大量周边国家和地区各类大中型企业和经贸团体来喀什地区考察合作，“中巴经济走廊·喀什论坛”，更是“一带一路”交流合作的国际性平台。

表5-10 近年来喀什旅游业发展情况

年份	A级景区	5A级景区	4A级景区	星级宾馆	星级农（牧）家乐	旅行社	旅游接待总人次/万人次	占全疆总接待人次/%
2014	37	1	4	33	–	27	358.9	7.25
2015	48	2	5	37	66	30	410	6.72
2016	51	2	7	34	144	34	492	6.07
2017	50	2	7	31	161	31	600	5.59
2018	50	2	7	31	161	27	928.37	6.07
2019	49	3	8	27	168	32	1517.3	7.11
2020	52	3	7	27	84	34	1632.2	10.32

注：数据来自喀什及新疆统计部门

5. 喀什国内游客的特征与偏好

（1）调查地点

针对喀什游客的调查主要选取了两个地点：地处喀什市中心的银瑞林国际大酒店和喀什噶尔古城；银瑞林国际大酒店建筑面积18.9万平方米，拥有各类客房1531间；交通便利，建筑豪华典雅，为五星级酒店，配套设施齐全，旅游季每日接待大量游客。

喀什噶尔古城于2015年被评为国家5A级历史人文景区，是喀什历史文化最重要的载体和民族风情最浓郁的区域，面积约3.6平方公里，生活着26575户64308居民。古城内有上百条街巷，其中13条主街和99条小巷纵横交错，集古建筑、文物、手工艺品展销、特色餐饮和民俗文化体验于一体。其中极富民族特色的各种巴扎（维吾尔语意为“集市”），如铁匠巴扎、手工艺品巴扎、帽子巴扎等遍布古城景区，售有维吾尔族花帽、土陶、民族乐器、织布、手工小刀、铜器、地毯、传统木雕等特色物品的巴扎堪称民族风情博览园。街巷两旁高低错落的维吾尔族建筑艺术风格民居，带给游客强烈的异域情愫；中亚最大的清真寺之一艾提尕清真寺，就坐落在喀什噶尔古城中心。“喀什噶尔”早已成为国际著名旅游品牌，在中国旅游市场上流行30多年，是国务院提出要重点打造的国际旅游目的地之一，每年都吸引着大批国内外游客观光游览。2019年，喀什噶尔古城景区接待游客139.47万人次，同比增长40.3%，接待游客人次在全疆5A级景区中排名第6位。

（2）调查问卷设计与处理

针对喀什的游客感知问卷内容分为三部分：第一部分为被调查者的人口与社会属性，包括性别、民族、年龄、受教育程度、职业、来源地等基本信息；第二部分是关于喀什旅游的偏好调查，包括在喀什旅游的目的、交通方式、住宿、兴趣偏好、消费等内容；第三部分是游客对喀什旅游的满意度与影响因素调查。问卷调查于2017年7月30日—8月1日开展，采用现场问答的方式，问卷共发放100份，回收86份，有效率86%。问卷用Excel进行整理统计，从而得到喀什游客偏好与国内客源市场的特征分析。

（3）结果与分析

①喀什旅游者的人口统计学特征

从本次调查的人口统计学特征来看（见表5-11），男性游客占比为55.8%，女性游客占比为44.2%，男性游客多于女性游客。从年龄来看，年龄在45—64岁游客比例最高，占到样本总数的34.9%，其次是35—44岁游客，占27.9%，35—64岁游客合计占62.8%，占到较大比例，25—34岁以及24岁以下的游客占比分别为16.3%和17.4%。这种情况与调查所选择的地点密切相关。喀什银瑞林国际大酒店的游客以中年以上为主，经济能力较好，并且大多为一家人出行；而在喀什噶尔古城的青年旅店中，绝大多数为24岁以下的青年人，且以学生为主，由于青年旅店规模较小，样本数少，因此占样本总数的比例相对小；而银瑞林国际大酒店规模较大，样本数多，占比较大。从受教育程度来看，大专及大专以上学历的游客占74.4%，可见受教育程度较高的游客对以人文风情为主的喀什更感兴趣。从职业构成来看，机关事业单位、公司商务人员构成喀什旅游市场的主力，占喀什游客比例的52.3%；其次为个体私营业主和学生，均占样本总数的15.1%。在收入方面，月收入在5000元及以上的游客占一半以上，为54.6%，3000—4999元的游客占20.9%；月收入2000元以下的游客占15.1%，且以学生为主；喀什国内游客以中高收入为主，出游能力较强，与喀什国内游客的职业特征相对应。

表5-11　样本的人口统计学特征

人口统计变量	类型	样本数	占比/%	类型	样本数	占比/%
性别	男	48	55.8	女	38	44.2
年龄	24及以下	15	17.4	45—64	30	34.9
	25—34	14	16.3	65及以上	3	3.5
	35—44	24	27.9	–	–	–
民族	汉族	81	94.2	少数民族	5	5.8
受教育程度	初中	7	8.1	大学及大专	58	67.4
	高中及中专	15	1.47	研究生	6	7.0
职业	公司商务人员	22	25.6	机关事业单位	23	26.7
	个体/私营业主	13	15.1	退休人员	8	9.3
	学生	13	15.1	打工者	3	3.5
	家庭主妇	1	1.2	农民	0	0
	其他	3	3.5	–	–	–
月收入	10000元及以上	23	26.7	2000—2999元	2	2
	5000—10000元	24	27.9	2000元以下	13	15.1
	3000—4999元	18	20.9	其他	6	7.0

②客源市场地域分布特征

国内游客市场按地域结构大致分为珠三角地区、长三角地区、京津冀地区、东部、中部、西部和新疆七大区域市场（见表5-12），喀什国内客源主要集中在珠三角地区、长三角地区、西部地区、中部地区以及新疆本地。其中珠三角地区是喀什的重要客源市场，占整个国内市场的27.9%；其次是新疆本地游客（以乌鲁木齐和昌吉地区游客为主），占

18.6%；长三角地区、中部地区以及西部地区游客样本数比例均为16.3%，其中长三角地区以浙江和江苏游客为主，中部地区游客主要来自安徽、湖北、河南、山西，其中安徽游客占到中部地区的一半，西部地区游客主要来自陕西、甘肃、四川、贵州等地；而京津冀和东部地区游客较少，占比分别为1.2%和3.5%。另外，或许由于距离、交通等各方面的原因，在本次喀什的调查中没有来自东北三省以及内蒙古的游客。

表5-12 样本地域分布

地区	珠三角	长三角	京津冀	东部	中部	西部	新疆
样本数	24	14	1	3	14	14	16
占比（%）	27.9	16.3	1.2	3.5	16.3	16.3	18.6

③喀什旅游者的偏好特征

通过对调查问卷分析，发现国内游客赴喀什旅游的目的以观光游览、民俗体验、休闲度假、商务为主，其中选择观光游览的游客占57%，民俗体验的游客占30.2%，且以学生、机关事业单位、公司商务人员为主；休闲度假的游客占25.6%；商务旅游者占17.4%；探亲访友者占12.8%，年龄主要在45—64岁；选择文化交流、购物、探险猎奇的比例分别为5.8%、3.5%和4.7%（见图5-10）。此外，统计显示，不同客源市场的游客旅游目的也存在明显差异，如珠三角地区的游客主要以观光游览为目的；长江三角洲地区游客中，以商务和休闲为目的的游客则占有相当的比例；西部地区的游客侧重于观光游览与民俗体验；新疆本地游客则以商务会议和探亲访友为主要目的。

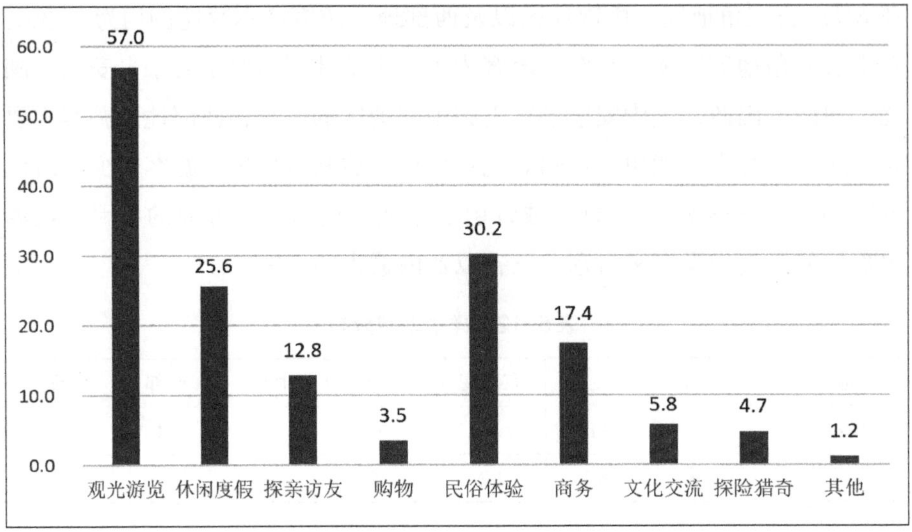

图5-10　喀什国内游客的出游目的

注：纵横数据单位为%

在出游方式选择方面，81.4%的游客选择自助或半自助的方式，且大部分被调查者采取家庭自助出游或自助组团出游的方式；选择跟团旅游的游客仅占样本数的18.6%。在交通工具选择方面，喀什距离国内主要客源市场遥远，以飞机为主要交通工具的占样本的一半以上（包括组合方式），以自驾或其他交通方式与自驾组合的游客占样本的三分之一，纯乘坐火车的游客占11.6%；其他交通方式中，如搭便车或骑行的游客占4.7%，均为学生（见表5-13）。

表5-13　喀什国内客源的旅游方式和交通工具

旅游偏好	类型	样本数	占比/%	类型	样本数	占比/%
旅游方式	自助	62	72.1	团体	16	18.6
	半自助	8	9.3	–	–	–
交通方式	飞机	34	39.5	自驾	16	18.6
	飞机/火车/汽车+自驾	14	16.3	火车	10	11.6
	飞机+火车/汽车	8	9.3	搭便车	3	3.5

续表

旅游偏好	类型	样本数	占比/%	类型	样本数	占比/%
交通方式	骑行	1	1.2	–	–	–

统计显示，被调查者获取喀什旅游相关资讯的渠道，以互联网和亲友介绍为主，选择互联网的占样本数61.6%，通过亲友介绍的占38.4%，说明喀什旅游得到国内游客一定的认可。通过报刊获取资讯的占18.6%，通过广播电视获取的占20.9%，通过旅行社获取的占10.5%，通过其他方式获取的占5.8%（见图5–11）。从不同年龄的选择特征来看，35岁以下的年青人更倾向于选择互联网获取资讯，而45岁以上的人群则较多选择亲友介绍，报刊、广播电视介绍。

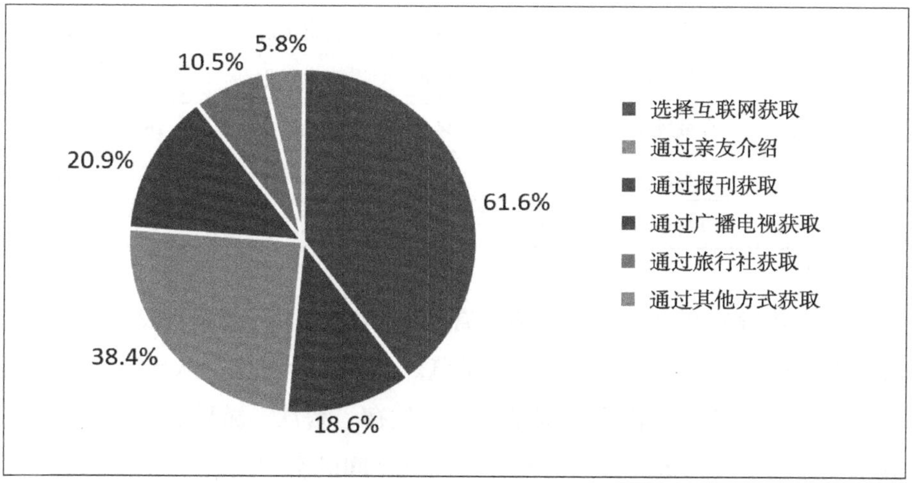

图5–11 喀什国内游客获取旅游相关资讯的渠道

在游客认为旅游地最具吸引力的是哪些方面的调查中，选择自然风光的占75.6%，民俗风情的占69.8%，文物古迹的占38.4%，历史文化的占33.7%，特色餐饮的占30.2%，宗教文化的占17.4%，国门、界碑的占16.3%，地方特色商品的占17.4%（见表5–14）。可以看出，喀什吸引游客较多的是自然风光和民俗风情，其次是文物古迹、历史文化、特色餐饮等，表明喀什悠久的历史、浓郁的民族风情、独特的风貌、地方特色美食以及众多的非物质文化遗产等对游客具有较强的吸引力。另外，统计显示不同群体和客源市场对喀什的旅游资源偏好存在差异，大专及大专以上的高学历群体对喀什宗教文化和历史文化比较感兴趣；对国门、界碑等有兴趣的以35岁以下的青年人为主；西部地区游客更倾向于自然风光和特色餐饮；而广东地区的游客兴趣较为广泛，除自然风光外，还有民俗风情、文物古迹、异域风情、特色餐饮等；而喀什特色餐饮对上海、浙江及江苏等长三角地区的游客没有吸引力。

表5-14　喀什国内游客的旅游偏好

	类型	样本数	占比/%	类型	样本数	占比/%
旅游吸引力	自然风光	65	75.6	民俗风情	60	69.8
	文物古迹	33	38.4	历史文化	29	33.7
	异域风情	30	34.9	特色餐饮	26	30.2
	宗教文化	15	17.4	国门、界碑	14	16.3
	地方特色商品	15	17.4	其他	1	1.2

在消费特征调查中，根据被调查者的消费排序，花费在交通、住宿、餐饮上的比例较大，其次是购物和游览。经过统计对比，从地域来看，疆外游客消费从高到低排序分别是交通、住宿、餐饮、游览、购物和其他。其中交通消费占比最高，这与喀什与内地之间的空间距离、喀什的地理位置和交通便利化程度密切相关；而购物和游览消费占比较低，一是由于新疆各景区之间距离较远，存在旅长游短的问题，导致游客大部分时间花在旅途上，购物和游览时间相对较少；二是虽然与内地相比，喀什物价水平相对较低，民族特色工艺品品种丰富，但由于语言及习惯的差异，内地游客与当地人沟通存在较大的问题。疆内游客消费排序为住宿、餐饮、交通、游览和购物。从年龄上看，购物消费占比最高的以35—44岁的疆外

游客为主，占10.5%。

④游客满意度

在对喀什旅游的满意度调查中，被调查者对喀什的住宿餐饮、文化特色、景区特色、公共设施、景区管理、环境质量等进行了感知评价，采用李克特5级量表对其进行满意度评定，分值从5到1，分值越高表明满意度越高，从5—1分别代表非常满意、比较满意、一般、不太满意、不满意5个等级。统计显示（见表5-15），六个项目满意度排名依次为：文化特色、景区特色、住宿餐饮、景区管理、环境质量、公共设施。总体来看，满意程度最高的是民族文化特色，比较满意及非常满意占比达68.5%；其次是景区特色和住宿餐饮，比较满意及以上程度均在55%以上，游客满意度较低的是景区管理、环境质量和公共设施，满意程度均不足40%，其中公共设施满意度最低，仅22.1%。说明喀什浓郁的民族风情、深厚的文化底蕴以及极具特色的异域风情是吸引游客的重要旅游资源，而公共设施、景区管理以及环境质量有待改善和提高。

表5-15　游客对喀什旅游的综合满意度

项目	非常满意	比较满意	一般	不太满意	不满意	空白	问卷有效率
住宿餐饮	27.9	27.9	18.6	5.8	0	18	80.2
文化特色	45.3	23.2	16.3	1.2	0	18	86.0
景区特色	31.4	25.6	22.1	2.3	0	18	81.4
公共设施	5.8	16.3	29.1	23.2	3.5	18	77.9
景区管理	7.0	27.9	32.6	10.5	3.5	18	81.4
环境质量	8.1	22.1	33.7	11.6	2.3	18	77.9

注：表中数据单位均为%

⑤游客目的地选择的影响因素

在对目的地选择的影响因素调查中，游客选择喀什旅游的主要影响因素是安全、交通和语言沟通。其中74.4%的被调查者将安全因素排在首位，其次是交通和语言沟通，分别占样本的37.2%和31.4%（见表5-16）。从区位上看，喀什距离乌鲁木齐1400多公里，地理位置偏远，距国内主要客源市场均在3000公里以上，交通是游客考虑的重要因素；从语言、文化上看，喀什市是以维吾尔族为主的少数民族聚居区，当地居民使用维吾尔语为多，各种巴扎的售货人员以及地方特色餐馆的服务人员，只能用简单的汉语进行交流，使外地游客与当地人的沟通受到一定的影响，游客安全感知度较低，当地微小的安全隐患因素都会给游客心理造成较大的负面影响。

其他如气候、费用作为主要考虑因素的分别占被调查者的20.9%、10.5%，喀什地区由于属暖温带大陆性干旱气候带，降水稀少，夏季炎热，多大风、沙暴、浮尘天气，因此气候对游客的选择有一定的影响；将费用作为第一考虑因素的主要为青年人，且在交通方式上以火车、搭便车等较为节约的方式为主。

表5-16　喀什国内旅游的影响因素

	类型	样本数	占比/%	类型	样本数	占比/%
影响因素	安全	64	74.4	交通	32	37.2
	语言沟通	27	31.4	气候	18	20.9
	费用	9	10.5	没有顾虑	2	2.3
	空白	2	2.3	–	–	–

⑥小结

通过以上对喀什国内客源市场的人口统计学特征、地域分布特征、旅游偏好以及旅游影响感知分析可以看出，在人口学方面，男性游客多于女性，年龄35—65岁游客占比较高；大专及大专以上学历的游客对喀什旅游更感兴趣；学生以及中高收入水平的机关事业单位、公司商务人员、个体私营业主构成喀什国内客源市场的主力。从本次被调查者的地域分布来看，主要集中在珠三角地区、长三角地区、西部地区、中部地区以及新疆本地，京津冀、东北三省以及内蒙古地区还有较大的市场开发空间。在游客的偏好方面，国内游客赴喀什旅游的目的以观光游览、民俗体验、休闲度假、商务为主，观光类游客居多。在出游方式等方面，主要采取自助的形式，旅游相关信息的获取以互联网和亲友介绍为主，交通以飞机、自驾为主，其中飞机是主要交通工具，自驾游客占三分之一左右。兴趣偏好方面，主要集中在自然风光、民俗风情、文物古迹、历史文化、特色餐饮等，消费主要集中在交通、住宿、餐饮等刚性项目，而游览、购物和娱乐等弹性消费项目较低，说明喀什旅游产品的内部结构比例不够协调。游客对喀什的民俗风情、特色风光以及食宿餐饮的满意度较高，而对景区管理、环境质量、公共设施满意度不太高，说明喀什的公共设施、景区管理以及环境质量有待改善和提高。

（三）国内市场需求小结

游客偏好是旅游者选择目的地的根本动力和旅游动机，根据不同客源市场的偏好特征，细分旅游市场，提供符合其需求的旅游产品，有助于实施差异化的市场策略，以有效地拓展客源市场。新疆南北疆旅游资源各具特色，北疆以风景著称，南疆以风情著称。根据上文的研究结果，霍尔果斯口岸旅游的国内游客在偏好方面，以观光游览、购物和休闲度假为目的的游客为主，自然风光、边境特色、边关历史文化以及口岸购物对游客的吸引力较大；喀什旅游的国内游客以观光游览、民俗体验、休闲度假、商务为主；在客源市场方面，霍尔果斯应针对东、中部地区客源市场游客的偏好，开发具有边境口岸特色、异域风情的旅游产品，创造休闲度假的良好环境，提升口岸购物商品档次，突出商品特色；根据西部及新疆游客的偏好，开发民族特色餐饮，提升口岸购物环境，丰富商品种类。喀什应根据珠三角、长三角、京津冀、中西部地区等远程市场开发具有民族特色、民俗风情、历史文化特点的旅游产品，提升环境质量、公共设施旅游市场环境和旅游服务条件，创造稳定和谐的旅游环境；根据疆内游客的需求特征，提供多样化商务和休闲旅游产品，打造商务旅游和休闲度假的市场环境。同时，从两个地点游客的消费特征反映出，住宿、餐饮、交通、游览、娱乐和购物等旅游产品的生产部门未能协调发展，新疆边境旅游产品的内部结构比例失衡，制约着旅游者的消费结构。

第六章　结论与建议

一、研究结论

（一）地缘政治和经济格局对新疆边境旅游影响较大

地缘政治、国家安全、贸易往来等外部环境因素对新疆边境旅游影响较大。从近年来新疆入境客源市场的时空变化可以看出，随着我国与周边国家睦邻友好关系的持续升温，蒙古、巴基斯坦、哈萨克斯坦游客量大幅增长，尤其自中哈霍尔果斯国际合作中心成立以来，哈萨克斯坦一跃成为新疆入境旅游的第一客源市场。哈萨克斯坦、蒙古、俄罗斯成为新疆入境旅游的主要客源国，占新疆入境客源市场的80%以上，但受地缘经济格局的影响和区域经济发展水平的制约，新疆入境旅游发展总体规模较小，与我国陆上毗邻的14个国家均为发展中国家，社会经济发展水平整体不高，与新疆接壤的主要邻国如哈萨克斯坦、蒙古、吉尔吉斯斯坦、塔吉克斯坦等国由于人口基数小、幅员相对辽阔，还面临“地广人稀”问题，旅游等服务业发展严重滞后①；口岸远离双方的中心城市，边民往来较为困难，如口岸哈方一侧居民相对于我国来说，人口密度小，其县城相当于我国很小的一个乡，一定程度上限制了边民互市和新疆入境旅游的规模；新疆虽然口岸众多，但除了中哈口岸发挥着经贸功能外，其他口岸更多地承

① 高俊，曹开军，徐明月，等.新疆边境旅游发展演化特征及其影响因素：霍尔果斯案例[J].中国生态旅游，2022，12（3）：442-455.

载着维护国家安全的功能，面对日趋复杂的国际环境，维护口岸安全的责任更加突出。

（二）受区位条件、旅游交通等因素影响，新疆边境旅游发展总体规模小，区域发展不平衡

新疆虽然旅游资源丰富，旅游发展潜力大，但远离国内外主要客源市场，交通线路可选择性小，加之面积辽阔，旅游资源分布广泛，景区也较为分散，"旅长游短"的问题十分突出。以乌鲁木齐市为交通枢纽，通过乌鲁木齐市与全国各地及其他国家联系，是新疆边境旅游最重要的交通方式，以乌鲁木齐市为中转站才能到达其他地（州、市），增加了游客的时间成本和出行成本，这也是影响南北疆边境旅游发展差距的重要因素。从近年来新疆入境游客的流向和各地（州、市）国内旅游接待人次可以看出，绝大多数入境游客流向北疆，流向最多的是乌鲁木齐市和伊犁州直属县（市），其次为阿勒泰、吐鲁番和喀什地区，南、北疆之间差异较大。这也说明新疆旅游资源开发不足，空间集聚与产业集聚能力欠佳，旅游资源综合利用效率低，制约着新疆旅游业的发展，旅游经济效益有待提高。

（三）产品供给不足，旅游综合吸引力不强

边境旅游产品多元化供给不足，主要表现为：第一，产品形式有限，边境旅游线路较少，观光型产品较多，品种单一，旅游产品创新滞后，产品竞争力较弱，与日益增长的国内外客源市场的需求相比，不能满足国内外游客的旅游需求。第二，口岸边民互市贸易区商品结构单一，品种不丰富，吸引力不强。第三，旅游业内部各要素发展不均衡，游览、购物、娱乐以及其他服务等相关产业发展水平有待提高。前文通过对近年来新疆国内外游客消费结构的测算分析，得出消费者交通、住宿、餐饮所占比重较大，而游览、购物、娱乐等所占比重较小，说明了新疆旅游收入主要来源于"食、住、行"这些刚性强、弹性小、收入低的基本旅游消费方面，而"游、购、娱"这些弹性大、收入高的旅游非基本消费在新疆的旅游收入

中占的比例很小，产业结构有待优化和升级。

（四）主要旅游市场占有率低

新疆的入境旅游人数总体规模还比较低，这与其地域广阔、民族风情多彩、历史文化资源与自然资源丰富的有利条件不相匹配，从而阻碍了丝绸之路经济带背景下的新疆入境旅游业跨越式发展。新疆边境旅游还处在国内客流主导的口岸观光游和以边境贸易为主的口岸跨境游阶段，从空间上呈现依托区位优势口岸（如霍尔果斯、吉木乃、红其拉甫）的点状发展格局，入境旅游市场越来越依赖少数几个大的客源地，入境客源地集中程度较高，客源地分布不均衡，增加了新疆入境旅游发展的不稳定性和脆弱性。如旅游消费能力强的欧美游客相对较少，而新疆的三大主要客源国——哈萨克斯坦、俄罗斯、蒙古，有相当部分游客是长期在疆从事贸易活动的客商，对旅游经济的贡献并不大；国内主要客源市场，如长三角、珠三角、京津冀等购买力强的客源市场占有率低，京津冀、东北三省以及内蒙古等客源市场有待开发。

（五）边境跨境旅游进展缓慢

受新疆周边安全形势、国家边境旅游政策以及双边开放程度、通关政策、口岸旅游服务体系与配套基础设施等因素的影响，新疆边境跨境旅游进展缓慢，主要表现在以下方面。

在口岸开放方面，部分周边国家出于种种考虑，对开放边境旅游态度谨慎，制约着边境跨境旅游业的发展。主要表现为：部分国家，如俄罗斯和蒙古国虽然是我国公民的旅游目的地国家，但受通关能力和地理环境等因素影响，边境旅游发展进展缓慢；周边部分国家政策连贯性、透明度较差，从而对我国边境跨境旅游活动政策执行层面常常产生一些不利的影响；部分国家对旅游、边境旅游的认识与我国有差异，对方旅行社报价较高，往往使我国参团人员望而却步。

在通关政策方面，存在出入境不便利，出境旅游手续繁杂的问题。其原因是，出于安全考虑，新疆大部分边境口岸尚未开展异地办证试点工作，疆内游客须在乌鲁木齐面签，其他省区出境人员须到北京、上海面签，费用大、耗时长，抑制了新疆边境旅游的发展。

新疆和与之相邻国家的边境旅游配套设施、旅游公共服务基础设施和交通体系建设滞后，与边境旅游需求不相适应，接待能力和接待服务水平有限，制约着双方口岸人流、物流的通关效率以及边境旅游业的发展，边境旅游优势不能充分发挥，口岸物流产业链尚在形成阶段，物流成本较高。

（六）安全因素等对新疆边境旅游的影响较大

苏联解体后，以“三股势力”（民族分裂主义、宗教极端主义和国际恐怖主义）为首的非传统安全问题成为新疆发展稳定面临的主要威胁[①]，给新疆社会稳定带来严峻挑战。从近几年的数据看，新疆旅游业能否持续、健康、快速发展与新疆稳定形势息息相关，暴恐事件的发生总是伴随着新疆各边境地（州、市）旅游人数和旅游收入的不同程度下降，尤其新疆南疆四个边境地（州、市），地处我国反恐反分裂的最前沿和反恐维稳的主战场，受暴力恐怖活动的影响更为显著，每当遇到暴恐事件，国内外旅游接待人数和旅游收入都呈大幅下降趋势，使旅游业的发展受到严重抑制，对南疆边境地区的旅游经济造成巨大损失，而经济的落后又加剧社会的不稳定因素。此外，新冠疫情极大地影响了边境旅游的开展，受疫情影响期间，新疆部分国际航线和边境旅游线路难以恢复，口岸通道的客运也没有完全恢复，旅游经济受到了极大冲击。

二、建议

前文对新疆边境旅游发展的现状、新疆边境的供给情况和新疆边境旅

① 杨超越.新中国成立后中国边疆安全问题的变迁及影响：以新疆为案例[J].新疆社科论坛，2020（5）：50–58.

游的市场需求和影响因素进行了研究，为了使理论研究的成果对实践能够有借鉴意义，作者基于本研究的结论，结合制约新疆边境旅游发展的因素，从下面几个方面提出促进新疆边境旅游发展的建议，以期能够发挥新疆边境旅游在“丝绸之路经济带”的先行优势，实现新疆边境旅游业由粗放型发展向集约型发展的转变，促进边境地区经济社会健康快速发展，达到稳边富民、社会稳定、长治久安的目标。

（一）统筹发展和安全，探索旅游扩大开放政策

1. 多渠道深化国际旅游合作

围绕中巴经济走廊、中亚区域经济合作、中蒙俄经济走廊等积极推动新疆与周边丝绸之路沿线国家的旅游合作，采取多种渠道、多种形式拓展跨国旅游合作空间。充分利用伊宁边境经济合作区、博乐边境经济合作区、塔城边境经济合作区和吉木乃边境经济合作区“两个市场、两种资源”的基础条件和区位优势，推动以旅游为主的服务贸易发展。选择基础条件较好、客源充足、发展潜力大的边境地区和口岸，探索建立边境旅游试验区和跨境旅游合作区，强化政策集成、制度创新，允许符合条件的试验区实施口岸签证政策，为到试验区的境外游客签发一年多次往返出入境证件；就旅游资源开发、旅游产品建设、旅游服务标准、旅游市场监管、旅游安全保障等方面深化合作，共同打造游客往来便利、服务优良、管理协调、吸引力强的跨境旅游合作区。将霍尔果斯、阿拉山口、巴克图、吉木乃、伊尔克什坦口岸等边民互市贸易区，打造成边境旅游购物、跨国旅游的重要合作平台，推动双方公民在贸易区的旅游和购物，促进边境跨境旅游快速发展。

2. 推动口岸通关、跨境旅游便利化改革创新

加强出入境旅游政策方面的突破，推进新疆与周边国家旅游出入境的便利化，放宽边境旅游的地域限制，为边境旅游发展营造一个好的政策环境。因地制宜地实施出入境便利化措施，给予有条件的边境口岸异地办证政策，或口岸签证政策，给予内地游客在新疆口岸异地办理通行证政策，

进一步放宽非新疆边境地区居民参加边境旅游的条件；积极创新管理方式，在游客出入境比较集中的口岸实施“一站式”通关，对霍尔果斯、阿拉山口、巴克图、吉木乃等口岸，双方协商实行边境通行证制度开展边境旅游，切实解决出入境便利化问题；逐步实现我国公民无障碍前往中亚、西亚、南亚旅游，打通中国和欧洲之间的“丝绸之路”旅游大通道。

（二）旅游市场开发

1. 加强旅游市场营销，拓展旅游客源市场

（1）创新市场营销模式

加强旅游信息化建设，构建智慧旅游综合服务体系，充分利用网络、直播平台、影视等传播方式扩大新疆边境旅游知名度。通过人体感应、投影融合、雷达感应等新兴数字技术，设置边境口岸虚拟体验区、爱国教育基地、探险活动区等，吸引潜在游客。利用各类媒体、线上线下等多种媒介手段，提高新疆在国内外的知名度和吸引力，提升新疆边境旅游影响力，加大新疆在海外的宣传力度，通过“旅游+互联网”、“自媒体营销”、国内外会展、旅游节庆、文化交流等多种营销方式，全方位、多维度地宣传推介新疆旅游，深入挖掘文化内涵，打造丝绸之路旅游品牌形象。

（2）拓展国内外客源市场

对于入境市场，要紧抓“丝绸之路经济带”建设的有利机遇，深入推进同丝绸之路经济带沿线国家的旅游交流合作；发挥口岸优势，积极发展同周边国家的购物旅游市场，丰富边民互市的产品结构，以边境贸易促进边境旅游。进一步拓展港澳台、韩国、日本及东南亚地区客源地市场，根据东南亚客源市场特点，打造丝路文化旅游品牌。积极推进西欧、北美市场，根据欧美客源市场的特点，推出以民俗风情、西域文明为特点的丝绸之路精品旅游线路。

针对国内市场，加大对珠三角、长三角和环渤海等经济发达地区客源市场的开发力度，拓展重点客源市场；推进中部六省区客源市场，拓展东北三省及内蒙古等客源市场，扩大国内客源市场覆盖面；大力拓展中高端

会展、商务、休闲、度假、特种旅游客源市场。利用旅游援疆的优势，加强与对应援助省市对接，吸引更多的疆外游客来疆体验边境旅游，提高国内旅游市场规模。

2. 推进边境旅游与多行业深度融合发展，培育旅游新业态

树立全域旅游发展理念，推动旅游与其他产业的融合，大力推进边境旅游与文化、教育、体育、科技、医疗、交通、农业、畜牧业、商业、地质等相关产业和行业的融合。培育旅游新业态，开发丝绸之路文化旅游、军垦文化游、特种旅游、中俄哈蒙自驾游、天山廊道世界遗产旅游、医疗养生旅游、研学旅游、口岸购物旅游、商务旅游等新业态，满足个性化、多元化旅游的需求，释放旅游消费需求。开发边境特色旅游主题酒店和特色旅游餐饮，提高新疆旅游竞争力和知名度，打造边境旅游新的增长点。

3. 拓展边境旅游线路

充分发挥“丝绸之路经济带”核心区的地缘、人缘优势，面向国际、国内两个市场和两种资源，积极开辟多样化的边境旅游线路。依托口岸优势，进一步开发中哈、中蒙、中俄、中巴、中塔、中吉等边境跨境旅游线路；依托各边境地（州、市）特色旅游资源，面向国内不同客源市场，开发口岸观光、边境免税购物、爱国教育、民族风情、红色研学、探险等主题线路；逐步延伸旅游线路，扩大覆盖面，联合周边省域及丝绸之路沿线国家，开发经典文化旅游线路，拓展边境旅游范围，提升边境旅游的影响力；科学合理规划边境旅游线路，使边境旅游组团社可灵活选择出入境口岸。

4. 错位开发，打造地域特色品牌

新疆各边境地（州、市）旅游资源禀赋的差异十分明显，应制定科学的边境旅游发展规划，统筹规划景区格局，根据不同地（州、市）的特点，开发具有地域特色和民族特点的旅游产品，提高新疆旅游资源配置和利用效率，打造地域特色品牌。如伊犁州、阿勒泰地区、塔城地区等北疆地区充分利用自然风光型旅游资源，打造集度假、健身、娱乐、休闲、商务会展、购物于一体的高端旅游景区和生态康养旅游区，打造北疆边境旅游带新地标；南疆地区充分发挥民族风情、丝路文化、田园风光等特点，以喀什地区为核心，重点开发民俗体验游，在和田、阿克苏、克州等地区开发特色民俗风情村，提高南疆地区人文旅游资源的吸引力，打造南疆丝路文化和民族风情旅游目的地。

（三）机制体制保障

1. 建立促进边境旅游发展协调机构

边境旅游涉及多国多部门，包括公安、外事、边防、海关、文旅、检验检疫、商务等相关部门，推动协调难度大，涉及通关便利化、法律法规适用等诸多方面，这些更多需要从国家层面进行协调和推动。建议成立由政府牵头、相关部门的领导任成员的协调机构，负责与周边国家、有关部委和地方政府协调开展边境旅游的相关事宜，推动与周边国家人员出入境便利化措施、加强与周边国家出入境管理和边防检查领域合作、制定边境旅游发展的相关配套政策和措施，在跨国线路、产品营销、服务标准等方面，与周边国家形成一套高效、互利、共赢的跨境旅游合作机制。在上合组织框架下建立上合旅游会商机制，构建中亚区域旅游合作交流平台，推动新疆与周边国家间的旅游合作共赢，积极与中亚国家协商互免签证协议。

2. 维护新疆社会安全稳定，创造和谐友好的旅游环境

积极创造良好旅游环境。全力维护社会安全稳定是构建和谐新疆的基本保证，正面的宣传引导是吸引游客、恢复新疆旅游消费信心、提高旅游业经营效率的有力举措。新疆是一个多民族、多宗教信仰的边疆地区，维护民族团结、创造各民族团结互助的友好氛围既是发展旅游的前提，也是旅游发展的成效。对于不了解新疆的国内外游客来说，任何负面的宣传都会让游客对新疆“望而却步”，因此，加大新疆旅游形象在海内外的宣传力度，传播正能量，提振游客信心，是振兴新疆旅游市场的重要途径。

3. 提高对新疆发展边境旅游重要性的认识

充分认识开展边境旅游，是边境地区民生改善，增进与周边国家人文交流，促进沿边地区经济社会快速发展、深化与周边国家务实合作的必要举措。发展旅游产业对扩大对外开放、传承民族文化、提高边民收入、巩固边防、维护新疆社会稳定、构建和谐新疆和实现经济社会跨越式发展都具有重要意义。落实丝绸之路经济带建设，最重要的是实现人员往来的互通，边境旅游是最主要的抓手，边境地区的稳定，在于人员流动的有效管控，边境旅游可以做到有序发展，增进双方的文化交流，实现人员流动的积极管理。边境旅游地区的致富发展，要靠边境旅游来带动。

（四）完善旅游基础设施和配套建设

1.加强口岸旅游公共服务体系建设

加大对口岸城市旅游产业发展的政策扶持，给予边境口岸餐饮、住宿、交通、景点等旅游基础设施建设方面的政策优惠，加大财政、金融、产业等方面的支持力度，提升边境地区基本公共服务保障水平，提高边境口岸的旅游能力和吸引力。完善霍尔果斯、阿拉山口、红其拉甫、吐尔尕特、塔克什肯、巴克图、吉木乃等口岸的接待设施及边境旅游市场环境，推动开办边境自由贸易区，建设旅游吸引物和服务体系，建设沿边示范口岸。

2.优化旅游交通网络布局，提高目的地通达性和便捷性

加强航空、铁路、公路的建设，加速新疆主要旅游景区所在的县市与主要客源地的直航、高铁的建设，开通主要景区之间的航线、高铁，建设及完善通往主要景区的高速公路，为自驾旅游者提供便利。尤其是加强新疆内部重点旅游道路及交通网络建设，打通旅游交通微循环，降低游客成本，提高旅游吸引力，以吸引国际和我国东中部发达地区的游客，缓解新疆“旅长游短”的瓶颈问题。加强南疆地区的旅游可进入性，提高旅游业经营效率，缓解旅游交通瓶颈，改变不利区位对新疆边境旅游的影响，为游客出行提供更多便利。增加国际航线，提高新疆对中亚、西亚航空网络的广度和密度，培育连接东北亚、东南亚和欧洲的枢纽中转功能。

3. 优化产业结构，延长旅游价值链

加强边境旅游业吃、住、行、游、购、娱等行业整体服务能力，促进六要素相关产业均衡发展；以市场需求为导向，推动产业结构优化升级，将国内旅游游客的消费重点转到“游、购、娱”等方面；升级传统旅游产品，充分利用边境地区的旅游资源，向“商、养、学、闲、情、奇”旅游新六要素方向延伸，从供给侧推动旅游产业结构性改革，不断延长旅游消费链和价值链。根据不同客源市场消费者的偏好特征，开发结构合理、特色鲜明的边境旅游产品体系和旅游品牌，满足游客多样化的旅游消费需求，引导形成新的边境旅游消费热点。

主要参考文献

[1]张丽君.地缘经济时代[M].北京：中央民族大学出版社，2006.

[2]张丽君，时宝国.“一带一路”背景下的中国陆路边境口岸[M].北京：中国经济出版社，2017.

[3]张金山，赵丽丽.跨境游客往来便利化：制度障碍与对策[M].北京：社会科学文献出版社，2019.

[4]葛全胜，钟林生.中国边境旅游发展报告[M].北京：科学出版社，2014.

[5]张广瑞.中国边境地区旅游发展的战略选择[M].北京：经济管理出版社，1997.

[6]李韧. 2015—2016年新疆经济社会发展形势[M].乌鲁木齐：新疆科学技术出版社，2015.

[7]石斌.旅游经济[M].北京：清华大学出版社，2014.

[8]何伦志，黄常锋，甘晓成.新疆民族文化资源及其产业化研究[M].乌鲁木齐：新疆大学出版社，2013.

[9]曾博伟，魏小安.旅游供给侧结构性改革[M].北京：中国旅游出版社，2016.

[10]中华人民共和国文化和旅游部.旅游抽样调查资料[M].北京：中国旅游出版社，2019.

[11]明庆忠.边境旅游发展观[J].社会科学家，2019（11）：11–17.

[12]葛全胜，席建超，王首琨.中国边境旅游：阶段、格局与若干关

键战略问题及对策[J].资源科学，2014（6）：1099–1106.

[13]申桂萍，胡伟，于畅.中国沿边开发开放的历史演进与发展新特征[J].区域经济评论，2021（1）：144–154.

[14]宁志中，杨蕾蕾，钟林生.中国陆地边境地区入境旅游市场的时空特征研究[J].资源科学，2014（6）：1125–1132.

[15]高俊，曹开军，徐明月，等.新疆边境旅游发展演化特征及其影响因素：霍尔果斯案例[J].中国生态旅游，2022（3）：442–455.

[16]原帼力，王英.中哈跨境旅游合作区建设发展探究[J].新疆财经，2016（4）：60–71.

[17]陆大道，杜德斌.关于加强地缘政治地缘经济研究的思考[J].地理学报，2013（6）：723–727.

[18]王新歌，孔钦钦，席建超.边境旅游研究进展及其启示[J].资源科学，2014（6）：1107–1116.

[19]于婷婷，左冰，阿荣，等.中国边境地区旅游发展的空间格局及驱动机制[J].经济地理，2021（2）：202–212.

[20]张丽君，陶田田，郑颖超.中国沿边开放政策实施效果评价及思考[J].民族研究，2011（2）：10–20.

[21]郑长德.基于新结构经济学视角的民族地区产业结构调整与升级研究[J].西南民族大学学报（人文社会科学版），2013（12）：112–123.

[22]徐淑梅，李圆慧，王亚丰.中国东北东部边境地区旅游业发展研究[J].地理科学，2012（3）：336–341.

[23]李飞.跨境旅游合作区：探索中的边境旅游发展新模式[J].旅游科学，2013（5）：10–21.

[24]肖洋.跨境次区域合作与丝绸之路经济带：基于地缘经济学的视角[J].和平与发展，2014（4）：22–32.

[25]杨效忠，彭敏.边境旅游研究综述及展望[J].人文地理，2012（4）：19–24.

[26]纪光萌.边境旅游影响因素指标体系构建研究：以霍尔果斯为例

[J].新疆财经大学学报，2015（3）：43–49.

[27]韩璐，明庆忠.边境民族文化旅游：内涵、特征与驱动机制[J].广西民族研究，2016（5）：139–148.

[28]闫静.丝绸之路经济带文化遗产旅游合作研究：以中国和中亚五国为例[J].西安财经学院学报，2016（4）：23–27.

[29]谢霞.新疆入境旅游流时空特征与演变研究[J].内蒙古师范大学学报（自然科学汉文版），2019（1）：1–7.

[30]王辉，杨兆萍.边境口岸跨国旅游合作机理研究：以新疆为例[J].经济地理，2011（31）：1387–1391.

[31]王晶，杨宝仁，何超.新疆入境旅游市场波动周期及结构演化分析[J].塔里木大学学报，2014（2）：64–73.

[32]穆学青，郭向阳，明庆忠.边境地区旅游强度时空演化特征分析[J].经济地理，2019（1）：233–240.

[33]赵多平，孙根年，苏建军.中国边境入境旅游的客流演化态势及其动因分析：新疆内蒙古云南三省区的比较研究[J].人文地理，2012（5）：134–139.

[34]时雨晴.边境旅游研究综述[J].中国边疆学，2018（1）：288–299.

[35]时雨晴，虞虎.我国边境旅游发展的影响因素、机理及现状特征研究[J].宁波大学学报，2018（2）：114–120.

[36]杨洋，陈艳，熊洛奕，等.综合国家距离对中国入境旅游的影响：基于CAGE距离框架的实证研究[J].旅游学刊，2022（2）：62–74.

[37]刘祥艳，杨丽琼，吕兴洋.文化距离对我国出境旅游的影响：基于引力模型的动态面板数据分析[J].旅游科学，2018（4）：60–70.

[38]周玲强，毕娟.文化距离对国际旅游目的地选择行为的影响：以中国入境游市场为例[J].浙江大学学报（人文社会科学版），2016（4）：130–142.

[39]王聪，孔闪闪，魏宝祥.客源国经济距离与入境旅游规模：来自中国西北五省的经验证据[J].产经评论，2018（4）：99–112.

[40]文艳，孙根年.中国入境旅游贸易效率及其影响因素研究：基于异质性随机前沿引力模型的估计[J].旅游学刊，2021（3）：29–43.

[41]张立国.区域协同与跨域治理："一带一路"中的边疆非传统安全治理研究[J].广西民族研究，2016（4）：43–49.

[42]杨晓茜，韩延玲，孙盼盼.新疆入境旅游客源市场结构的研究[J].河南科技学院学报，2014（11）：1–4.

[43]范海龙，李玉敏.当前我国边疆民族地区社会稳定问题的诱因分析及应对措施[J].宁夏社会科学，2014（6）：74–80.

[44]杨娜，李晓东.危机事件对新疆国际旅游业的影响：基于ADRL模型分析[J].旅游研究，2013（2）：83–89.

[45]王松茂，方良彦，海米提·依米提.20年来重大事件对新疆国际旅游业的影响：基于本底趋势线方法分析[J].干旱区资源与环境，2012（5）：194–199.

[46]王思秀，赵宇安，朱义鑫，等.新疆入境旅游与经济增长的实证研究[J].喀什大学学报，2021（5）：16–21.

[47]杨芳.丝绸之路经济带背景下中哈边境旅游合作动力机制分析及保障体系构建[J].对外经贸，2015（6）：31–32.

[48]闫静，李树民.丝绸之路经济带旅游合作的潜力、挑战与实现路径[J].西安财经学院学报，2015（4）：94–98.

[49]王鹏辉.新疆民族旅游的人类学思考[J].新疆社会科学，2007（3）：49–52，113.

[50]徐佳，由亚男，李东.感知差异下边境购物旅游满意度实证研究：以霍尔果斯口岸为例[J].新疆财经大学学报，2015（2）：43–49，70.

[51]田里.边境旅游面临的国家安全问题研究[J].湖湘论坛，2022（2）：66–77.

[52]杨劲松.我国边境旅游发展的动力集成与前景展望[J].旅游研究，2016（6）：8–10.

[53]李莺飞，郭晓东.新疆入境旅游发展的空间差异及其演变趋势分

析[J].资源开发与市场，2014（5）：633–636.

[54]韩雪，刘爱利.旅游感知的研究内容及测评方法[J].旅游学刊，2019（4）：106–118.

[55]田里，唐夕汐，王桀.游客感知视角下边境旅游吸引物的吸引力测评[J].资源开发与市场，2018（1）：128–132 .

[56]高飞，董培海，李伟.边境旅游吸引物的符号学解读[J].云南师范大学学报（哲学社会科学版），2019（4）：99–107.

[57]李东，黄丹，代传煊.旅游目的地服务质量、形象感知与重游意愿关系研究：以新疆入境游客为例 [J].新疆财经，2021（6）：46–56 .

[58]翁时秀.地缘政治格局重构对全球旅游系统的影响[J].旅游论坛，2021（2）：14–17.

[59]赵志辉，毕敬.多维视野下的亚洲内陆枢纽：拉铁摩尔对中国新疆地缘政治的考察与研究[J]. 吉林大学社会科学学报，2017（4）：146–157.

[60]明庆忠，周玉林.基于地缘视角的边境跨境旅游的合作与发展[J].社会科学家，2019（11）：3–10.

[61]刘云刚，宋宗员.旅游地缘政治研究进展与展望[J].热带地理，2019（6）：931–941.

[62]陈小强，袁丽华，沈石，等.中国及其周边国家间地缘关系解析[J].地理学报，2019（8）：1534–1547.

[63]JUSSI P L.当代全球化背景下的边界和边界景观[J].吴寅姗，张丽屏，译.地理科学进展，2017（12）：1531–1539.

[64]高永久，邓艾.我国西部边境牧区地缘政治与社会治理分析[J]. 南开学报（哲学社会科学版），2020（3）：19–26.

[65]潘志平.新疆的地缘政治与国家安全[J].世界知识，2010（12）：21–23.

[66]普拉提·莫合塔尔，海米提·依米提.我国西部边境的跨国旅游合作研究：以中国新疆与中亚五国合作为例[J].干旱区资源与环境，2009

(1):136–141.

[67]阚越.全域旅游视阈下中国新疆与周边国家旅游协同发展研究[J].新疆社科论坛,2018(4):69–74.

[68]宋周莺,车姝韵,王姣娥.中国沿边口岸的时空格局及功能模式[J].地理科学进展,2015(5):589–597.

[69]朱金春.从“国家之边缘”到“边界为中心”:全球化视野下边境研究的议题更新与范式转换[J].广西民族研究,2019(1):65–74.

[70]邓峰,张小雷.新疆口岸区域空间发展模式的数理分析[J].干旱区地理,2006(3):422–426.

[71]杨习铭,克彪,蔡青青.丝绸之路经济带核心区边境特色小镇研究:以霍尔果斯市周边为例[J].新疆社科论坛,2019(6):71–76.

[72]张广瑞.中、俄、蒙三国旅游合作的意义、条件与方略[J].俄罗斯中亚东欧市场,2006(10):36–39.

[73]王灵恩,王芳,葛全胜,等.从欧盟经验看跨境合作背景下中国边境旅游发展[J].开发研究,2013(4):19–25.

[74] 张彬,钟佳其.“一带一路”背景下中哈跨境经济合作研究:以霍尔果斯口岸为例[J].边界与海洋研究,2017(4):91–100.

[75]李钦,许云霞.提升霍尔果斯口岸旅游业发展水平的策略研究[J].对外经贸,2012(7):66–68.

[76] 王亭亭.“一带一路”视角下新疆口岸经济带高质量发展研究[J].商业经济,2022(11):96–98,109.

[77]耿桂红.兴边富民行动语境下的边境特色旅游业[J].中国民族,2017(2):74–75.

[78]王若雨.中国与中亚国家旅游服务贸易基础与合作路径分析[J].对外经贸实务,2020(10):81–84.

[79]胡颖.“一带一路”倡议下中亚区域经贸合作机制比较与对接研究[J].北京工商大学学报(社会科学版),2016(5):23–30.

[80]闫敏,孙慧.新疆旅游业能否成为战略性支柱产业?[J].新疆大学

学报（哲学·人文社会科学版），2020（2）：1–10.

[81] 薛才玲，牛义然，艾力乃再尔·艾尼瓦尔，等.“一带一路”倡议下新疆边境口岸发展研究[J].青海民族研究，2021(4)：158–164.

[82]李道军，胡颖.中国新疆参与中亚区域经济合作的机制比较与启示[J].新疆社会科学，2011（3）：54–58.

[83]李俊久.“一带一路”与中国地缘政治经济战略的重构[J].世界经济与政治，2015（10）：30–59.

[84]屠年松，罗云.经济一体化中的边界效应研究综述[J].经济问题探索，2015（10）：185–190.

[85]郭鹏，董锁成，李泽红，等.丝绸之路经济带旅游业格局与国际旅游合作模式研究[J].资源科学，2014（12）：2459–2467.

[86]宋涛，程艺，刘卫东，等.中国边境地缘经济的空间差异及影响机制[J].地理学报，2017（10）：1731–1745.

[87]卢光盛.国际关系理论中的地缘经济学[J].世界经济研究，2004（3）：11–16.

[88]徐佳.霍尔果斯口岸旅游业发展对策研究[J].新疆农垦经济，2015（5）：72–77.

[89]张丽丽.多民族地区旅游业比较研究：以新疆、云南、广西为例[J].新疆社会科学，2012（4）：48–52.

[90]李晓玉.新时期新疆旅游商品开发现状与优化策略探析[J].旅游产业发展研究，2023（7）：88–90.

[91]刘群，卢雅焱，林岚，等.新疆县域旅游商品空间分布及其影响因素[J].湖南师范大学自然科学学报，2022（4）：66–76.

[92]吴烨，焦黎.边疆地区旅游资源开发比较研究：以新疆、云南为例[J].新疆师范大学学报（自然科学版），2006（3）：186–189.

[93] 张生瑞，王英杰，鞠洪润，等.中国陆地边境旅游发展区域差异及其影响因素[J].地理研究，2020（2）：414–429.

[94]朱豆豆，李晓东，王雅慧.新疆旅游资源与入境旅游质量的空间

错位研究[J].安徽师范大学学报（自然科学版），2020（2）：168–173.

[95] 阚越，章锦河.供需耦合协调视域下新疆旅游供给侧改革研究[J].伊犁师范大学学报，2022（4）：30–38.

[96]谭李娜，李卓远，白洋，等.城际列车对新疆旅游经济高质量发展的影响效应及驱动机制[J].干旱区地理（汉文版），2023（4）：658–666 .

[97]田里，孟帅康.边境旅游对国家安全的影响机理研究：基于韧性视角[J].云南民族大学学报（哲学社会科学版），2024（2）：P80–89.

[98]王桀，苏季珂.边境旅游研究进展与启示：以SSCI论文为例[J].中国生态旅游，2022（3）：399–415.

[99]王燕，阎顺，赵彩龙.新疆旅游资源的类型、等级及空间分布特征[J].干旱区地理，2009(5）：783–790.

[100]张烈琴，陆亦农，龙震，等.新疆文化旅游空间分布格局[J].干旱区地理（汉文版），2023（5）：823–833.

[101]马燕.近二十年来新疆旅游业发展的社会经济效益对比分析[J].集宁师范学院学报，2022（3）：82–86.

[102]张学渊，颉耀文，朱陇强，等.历史时期新疆文化遗址空间分布特征分析[J].干旱区资源与环境，2023（4）：109–116.

[103]马燕.近15年来新疆国际旅游产业结构分析及对策建议[J].山西师范大学学报（自然科学版），2021（4）：91–96.

[104]郭辉，王钰凯，韩瑞双.新疆构建边境旅游试验区的区域优先次序及障碍因素[J].开发研究，2020（4）：118–126.

[105]冯迎，张军民.新疆旅游经济空间分异及影响因素[J].地域研究与开发，2017（4）：99–104.

[106]段秀芳，徐传昂.新疆沿边开放30年综合绩效评价与提升路径[J].新疆社会科学，2022（6）：73–86.

[107]张子昂，保继刚.多重距离对中国入境与出境旅游流的影响：基于组态的视角[J].地理科学，2021（1）：13–22.

[108]王松茂.新疆旅游产业效率及影响因素研究[D].乌鲁木齐：新疆

大学，2015.

[109] TIMOTHY D J. Tourism and international borders: themes and issues[J].Visions in leisure and business, 1998(3)：3–7.

[110] TIMOTHY D J, Butler R W. Cross– boder shopping: a North American perspective[J]. Annals of tourism research,1995(1)：16–34.

[111] MOREY R C, DITTMAN D A. Evaluating a hotel GM's performance: a case in benchmarking[J]. Cornell hotel restaurant and administration quarterly, 1995 (5)：30–35.

[112] K.KSALC, Aksu A. An efficiency evaluation of a–group travel agencies with data envelopment analysis (DEA): a case study in the An–Talyaregion, Turkey[J]. Tourism management.2007, 28(3)：830–834.

[113] FEMANDES E, PACHECOR R. Efficient use of airport capacity [J]. Transportation research, 2002, 36(3)：225–238.

[114] JALPSIP K. Russia and the Russian tourist in Finnish tourism strategies: the case of the Karelian region[J]. Procedia– social and behavioral sciences, 2011, 24：1003–1013.

[115] VALDEZ, SIFANECK. Drug tourists and policy on the U.S.–Mexican border: an ethnographic investigation of the acquisition of prescription[J]. Journal of drug issues, 1997 (4)：879–897.

[116] LOVELOCK B,BOYD S. Impediments to a cross–border collaborative model of destination management in the Catlins, New Zealand [J].Tourism geographies, 2006, 8(2)：143–161.

[117] GELBAN A. Border tourism in Israel: conflict, peace, fear and hope[J]. Tourism geographies, 2008, 10(2)：193–213.

[118] SULLIVAN P, BONN M A, Bhardwaj V, et al. Mexican national cross–border shopping: exploration of retail tourism[J]. Journal of retailing and consumer services, 2012, 19(6)：596–604.

[119] HAMPTON M P. Enclaves and ethnic ties: the local impacts of

Singaporean cross–border tourism in Malaysia and Indonesia[J]. Singapore journal of tropical geography, 2010, 31(2)：239–253.

[120]MORT G S, ROSE T. The effect of product type on value linkages in the means–endehain: implications for theory and method[J]. Journal of consumer behavior, 2004, 3(3)：221–234.

[121] CORNELISSEN, S. Tourism impact,distribution and development: the spatial structure of tourism in the Western Cape province of South Africa[J]. Development Southern Africa, 2005, 22(2)：163–185.

[122] BAHADIR İNANC ÖZKAN, YASIN BOYLU. A Study on the use of tourism as a soft power instrument in international relations[J]. Journal of tourismology, 2021, 7(1)：73–99.

[123] CHEN, Y W, DUGGAN, N. Soft power and tourism: a study of Chinese outbound tourism to Africa[J]. Journal of China and international relations, 2016, 4(1)：45–66.

[124] LI HUANG, QINGYAN ZHENG, XIN YIN. “Double–edged sword”: the effect of cultural distance on post–disaster tourism destination recovery[J]. Tourism review, 2021, 77(1)：146–162.

[125] CAUSEVIC, S LYNCH, P. Political (in) stability and its influence on tourism development[J]. Tourism management, 2013(34)：145–157.

附　录

附录1

霍尔果斯口岸旅游调查问卷

1.性别：男□　女□

2.年龄：14岁及以下 □　15—24岁□　25—34岁□　35—44岁□　45—64岁□　65岁及以上□

3.教育程度：小学及以下□　初中□　高中及中专□　大学及大专□　研究生□

4.职业：公司商务人员□　机关事业单位□　个体□　退休□　学生□　打工者□　其他

5.月收入：10000元以上□　5000—10000元□　3000—4999元□　2000—2999元□　2000元以下□

6.您来自哪里：

7.您来旅游的目的（可多选）：

观光游览□　购物□　休闲度假□　民俗体验□　探亲访友□　文化交流□　商务旅游□　探险猎奇□　其他

8.您来旅游的交通方式（可多选）：

飞机□　火车□　汽车□　自驾□　骑行□　其他

9. 您的旅游方式：团体□ 自助□ 半自助□

10. 您认为旅游地最具吸引力的是哪些方面（可多选）：

自然风光□ 民俗风情□ 国门、界碑□ 异域风情□ 历史文化□ 文物古迹□ 其他

11. 您的主要消费排序是（请按花费比例从高到低排序）

1住宿	2交通	3. 饮食	4.门票	5. 购物	6. 其他

12. 您从哪里获取旅游的信息（可多选）：

互联网□ 电视□ 报刊□ 旅行社□ 亲友介绍□ 其他

13. 请将下列因素按对您旅游的影响程度打分（每项满分为5分）

因素	景点	费用	距离	交通	时间	气候	设施	手续	安全
分值									

14. 您的旅游感受（每项满分为5分）：

项目	住宿	饮食	交通	购物	景区	民风
分值						

谢谢您的配合！

附录2

喀什旅游调查问卷

性别：男□ 女□

民族：____________

3.年龄：14岁及以下 □ 15—24岁□ 25—34岁□35—44岁□ 45—64岁□ 65岁及以上□

3.教育程度：小学及以下□ 初中□ 高中及中专□ 大学及大专□ 研究生□

4.职业：公司商务人员□ 机关事业单位□ 个体□ 退休□ 农民□ 学生□ 打工者□ 家庭主妇□ 其他

5.月收入：10000元以上□ 5000—10000元□ 3000—4999元□ 2000—2999元□ 2000元以下□

6.您来自哪里：

7.您来旅游的目的（可多选）：

观光游览□ 购物□ 休闲度假□ 民俗体验□ 探亲访友□ 文化交流□ 商务旅游□ 探险猎奇□ 其他

8.您来旅游的交通方式（可多选）：

飞机□ 火车□ 汽车□ 自驾□ 骑行□ 搭便车□ 当地公交□ 其他

9.您的旅游方式：团体□ 自助□ 半自助□

10.您认为旅游地最具吸引力的是哪些方面（可多选）：

自然风光□ 民俗风情□ 宗教文化□ 异域风情□ 国门、界碑□ 历史文化□ 文物古迹□ 特色餐饮□ 地方特色商品□ 其他

11. 您来当地旅游的顾虑主要有哪些?(影响程度从高到低排序)

(1)交通 (2)安全 (3)语言沟通 (4)气候 (5)费用

12. 您的主要消费排序是(请按花费比例从高到低排序)

1.住宿	2.交通	3.饮食	4.门票	5.购物	6.其他

13. 您从哪些渠道获取相关景区的旅游信息(可多选):

互联网□ 广播、电视□ 报刊□ 旅行社宣传□ 亲友介绍□ 其他

14. 您对旅游地的感受(每项满分为5分)

住宿餐饮□ 景区特色□ 民俗民风□ 公共设施□ 环境质量□ 景区管理□

谢谢您的配合!